Midnight Stories (Anthologie)

Wir wünschen dir schaurig-schöne Stunden mit den Midnight-Stories.

Maya Shepard    Stock

L.B.

Sabrina Pötzl    Lias Hexal    Mo Kast

Julia    Jess A. Loup    Elias Finley
Belunder    Cara Yarash ♥

L. Jyra    A. Sawatzki    Alexandra Maibach

Tanja Ault    J. ayheards    M. Altmann

Anna-Lena Brandt

## Midnight Stories (Anthologie)

*In der dunkelsten Stunde der Nacht, wenn der Mond hinter Wolkenschleiern hervorblitzt, Nebelschwaden über das Land ziehen und fern das Krächzen eines Raben erklingt, ereignen sich unheimliche Begebenheiten.*
*Geschichten, die für Gänsehaut sorgen, den Herzschlag beschleunigen, kalten Schweiß ausbrechen und das Blut in den Adern gefrieren lassen. Einem Albtraum gleich sind Realität und Einbildung nur schwer auseinanderzuhalten.*
*Ob schaurig und düster, grausam, mystisch oder übernatürlich – der Fantasie sind keine Grenzen gesetzt.*

*Siebzehn Kurzgeschichten, die zum Fürchten einladen.*

### Die Autoren

Maya Shepherd (Hrsg.)
Alexandra Maibach
Anika Sawatzki
Anna-Lena Brandt
Cara Yarash
Elias Finley
Gina Grimpo
Jaschka Gaillard
Jenny Barbara Altmann
Jess A. Loup
Julia Bohndorf
Lena Bieber
Lisa-Katharina Hensel
Mo Kast
Sabrina Patsch
Sabrina Stocker
Tanja Amerstorfer

www.sternensand-verlag.ch | info@sternensand-verlag.ch

**Hinweis zu sensiblen Inhalten:**
Die Anthologie »Midnight Stories« besteht aus insgesamt siebzehn gruseligen Kurzgeschichten, die nicht von Personen unter 14 Jahren gelesen werden sollten. Das Thema »Grusel« lässt sich auf verschiedenste Weise interpretieren. In einigen der Geschichten sind Szenen mit folgenden Inhalten enthalten:
- Erwähnung körperlicher, seelischer oder sexualisierter Gewalt
- Suizid
- Psychische Störungen und Süchte (z. B. Drogen)
- Selbstverletzung
- Mobbing
- Blut
- Tod

Personen, die solche Inhalte beunruhigend finden könnten, lesen die Anthologie auf eigene Verantwortung.

1. Auflage, Oktober 2021
© Sternensand Verlag GmbH, Zürich 2021
Umschlaggestaltung: Jaqueline Kropmanns
Lektorat / Korrektorat: Sternensand Verlag GmbH | Natalie Röllig
Korrektorat 2: Sternensand Verlag GmbH | Jennifer Papendick
Auswahl der Kurzgeschichten: Sabrina Stocker & Maya Shepherd
Satz: Sternensand Verlag GmbH
Druck und Bindung: Smilkov Print Ltd.

Alle Rechte, einschließlich dem des vollständigen oder auszugsweisen Nachdrucks in jeglicher Form, sind vorbehalten.
Dies ist eine fiktive Geschichte. Ähnlichkeiten mit lebenden oder verstorbenen Personen sind rein zufällig und nicht beabsichtigt.

ISBN-13: 978-3-03896-224-3
ISBN-10: 3-03896-224-3

# Vorwort

Diese Anthologie ist durch einen Schreibwettbewerb zum Thema »Grusel« entstanden.

Über 200 Bewerbungen sind eingegangen, die mir gezeigt haben, wie vielfältig das Thema interpretiert werden kann. Sabrina Stocker und ich haben alle Geschichten anonymisiert gelesen, ohne zu wissen, ob sie von einem Neuling oder einem Wiederholungstäter verfasst wurden. Dieses vorurteilsfreie Erlebnis möchte ich auch jenen, die diese Sammlung lesen, ermöglichen. Deshalb stehen keine Namen über den Kurzgeschichten, sondern nur die Titel. Eine Auflösung erfolgt erst am Ende. Wer neugierig ist, kann natürlich aber auch schon zuvor einen Blick auf die letzten Seiten werfen.

Die ausgewählten Kurzgeschichten schwanken zwischen Traum und Realität sowie Vergangenheit, Gegenwart und Zukunft. Täter und Opfer lassen sich nicht immer klar voneinander trennen. Mythen, Legenden und Aberglaube stehen dem Wunsch nach einer logischen Erklärung gegenüber.

In dieser Auswahl ist etwas für jeden Geschmack dabei. Zartbesaiteten Personen rate ich, diese Anthologie nur bei Tageslicht zu lesen. Diejenigen, die auf Gänsehaut und beschleunigten Herzschlag aus sind, dürfen sich gerne zur Mitternachtsstunde an die Lektüre wagen. Und selbst den härtesten Gruselfans, die sich von nichts mehr schocken lassen, garantiere ich, dass diese Kurzgeschichten sie zum Nachdenken anregen und ihre Gedanken auf eine Reise schicken werden.

Ein schauriges Vergnügen mit »Midnight Stories« wünscht

Maya Shepherd (Herausgeberin)

# Inhaltsverzeichnis

Das Atelier ............................................................. 11

Das Dunkle deiner Träume .................................. 21

Der Panther ........................................................... 37

Die eine Nacht ...................................................... 49

Die falsche Schwester ......................................... 63

Die Ratte ............................................................... 81

Die Seele des Voodoo ....................................... 103

Ferne Ufer .......................................................... 117

Filmriss ............................................................... 139

Irrlichter ............................................................. 161

Leandra ............................................................... 173

Nacht der Jäger ................................................. 193

Proband X .......................................................... 211

Rache aus dem See ........................................... 225

Schwarze Erde ................................................... 237

Sturmnacht ........................................................ 259

Ursprung der Seele ........................................... 269

Auflösung der Kurzgeschichten ........................ 281

Dank .................................................................... 291

# Das Atelier

# Das Atelier

Er kniff die Augen zusammen, betrachtete den kaputten Spiegel. Sein Gesicht wurde einwandfrei reflektiert, die grauen Haare, die es umgaben, die feinen Linien an den Augenrändern, die Falten auf der Stirn, als er seine dunklen Brauen hochzog. Das Glas zeigte lediglich die Makel in seinem Gesicht, die die Zeit auf ihm hinterlassen hatte.

Wenn er, wie so oft, regungslos dastand, den Blick senkte, ihn über seine schmalen Lippen, sein Kinn streifen ließ, wurde es unscharf. Die Falte an seinem Hals konnte er noch ausmachen, dann wiederum wurde das Bild verzerrt, endete in einer scharfen Kante, die den Rand des Spiegels bildete.

Splitter. Jeden Tag löste sich einer aus dem Glas, jeden Tag fiel einer von ihnen auf das Parkett des Ateliers, jeden Tag reflektierte der Spiegel einen Teil seines Selbst weniger.

Er seufzte, versuchte seine Gedanken in eine andere Richtung zu lenken, doch es war bereits zu spät.

Eine Träne rann aus seinem Augenwinkel, ließ sich nicht mehr aufhalten. Sie lief unbeirrt weiter, tropfte vom Kinn und verschwand.

Herzschlag, ein lautes Pochen. In seiner Brust.

Es war nicht so, als hätte er es nicht versucht. Er hatte versucht, die Splitter zu entfernen. Er hatte versucht, sie aus seinem Herzen zu entfernen, hatte versucht durchzuatmen. Durchzuatmen und zu vergessen.

Jeden Tag, jeden Tag aufs Neue.

Ohne Erfolg.

Mit feiner Präzision hatten sie sich in das Organ gebohrt, hatten die kleinen Äderchen aufgerissen, das Blut laufen lassen, das jetzt seine Wangen färbte und die Außenwelt um ihn herum zum Schweigen brachte.

Rot, überall rot, überall.

Die Splitter waren bereits zu tief eingedrungen, ließen sich nicht mehr entfernen, klebten an ihm wie eine zweite Haut.

Mit zitternden Händen wischte er über seine Wange, wischte eine weitere Träne fort.

Er wollte sich von dem Spiegelbild abwenden, aber er konnte es nicht. Er wollte nichts mehr damit zu tun haben, aber es ging nicht anders. Zu viel war passiert, viel zu viel, und zu groß seine Hoffnung.

Die Hoffnung, dass er es eines Tages schaffen würde, das perfekte Antlitz zu zeichnen.

Ihr perfektes Antlitz.

Er seufzte, es war wieder so weit. Er spürte es, noch bevor es geschah, starrte auf den unteren Rand des Spiegels.

Ein Splitter löste sich aus dem Glas, fiel zu Boden, hinterließ lautlose Stille. Nur der Herzschlag. In seiner Brust.

Schwindel.

Er starrte auf die scharfe Kante, starrte auf die Reflexion seiner selbst, die nunmehr auch die Falte an seinem Hals verbarg.

Herzschlag. In seiner Brust.

Er musste es schaffen. Es gab keinen anderen Weg.

Der Schwindel wurde immer stärker, er hatte große Mühe, aufrecht zu stehen, versuchte sein Gleichgewicht zu halten, doch die Hände, die sich an etwas festhalten wollten, griffen ins Leere. Er verlor die Balance, folgte dem Weg des Splitters, glitt auf das Parkett hinab, schnappte nach Luft, stöhnte.

Er musste es schaffen. Es gab keinen anderen Weg.

In blinder Entschlossenheit streckte er seinen Arm nach dem Splitter aus, das scharfkantige Ende schnitt durch die Haut an seinem Finger.

Er merkte es nicht mal, stand wieder auf, stützte sich auf seine Knie, schnappte nach Luft, wartete, bis die Intensität des Schwindels abermals aus seinem Körper kroch.

Dann richtete er sich auf, stellte sich vor den Spiegel und begann zu malen.

Unzählige Male. Unzählige Male hatte er das Glas mit der Flüssigkeit benetzt, versucht, rote Konturen und Linien zum Leben zu erwecken.

Waren sie überhaupt rot? Oder waren es seine Hände, die rote Spuren auf dem Glas hinterließen?

Egal.

Er schüttelte den Kopf, ließ das Glas durch seine zitternden Finger gleiten. Die scharfen Kanten glitzerten im Licht der Stehlampe, reflektierten einen seltsamen Schein.

Er fuhr sie mit den Fingerspitzen nach, zögerte kurz, malte weiter.

Rote Konturen, überall rote Konturen.

Er seufzte.

Der Schwung der Lippen, er durfte ihn nicht vergessen. Die Lippen, die leicht geöffnet gewesen waren, die Lippen, durch die ein letztes Mal ein Atemhauch ausgestoßen wurde. Ihr Atemhauch.

Diese Intensität, dieses Rot musste er einfangen. Um jeden Preis. Dieses Mal musste es klappen.

Ein leises Geräusch. Er fuhr zusammen. Es wurde immer lauter.

Doch es war nur die Wanduhr, die Wanduhr, die das baldige Kommen der Frau ankündigte.

Drei Schläge, drei Schläge ließen verlauten, dass sie bald eintreffen würde.

Nervös versuchte er die voranschreitende Zeit zu ignorieren. Er wusste, dass er bald fertig werden sollte, er wusste aber auch, dass er sie so malen musste, wie er sie noch nie zuvor in seinem Leben gemalt hatte. Mit einer Intensität und einer Echtheit, die es noch nie gegeben hatte.

Das Porträt. Er vertiefte sich wieder in das Rot ihrer Lippen, die geschwungenen Linien um ihre Augen und das Muttermal auf ihrer Wange. Das Gemälde wurde intensiver, versperrte ihm den Blick auf sein eigenes Gesicht nun fast gänzlich, sorgte für eine Gänsehaut auf seinem ganzen Körper.

Ein roter Mund. Ein Mund, der sich ihm mit der lautlosen Kraft roter Lippen entgegenstreckte, ihn zum Schweigen brachte.

Braune Augen. Braune Augen, die seine Seele einfingen.

Er ging einen Schritt zurück, die Außenwelt um ihn herum bewegte sich zurück in sein Blickfeld, wurde wieder schärfer.

Das Prasseln von Splittern. Splitter, die sich immer weiter in sein Herz bohrten.

Rote Tränen. Rote Tränen mischten sich mit seinem Werk, die Konturen der Lippen verschwammen, sprengten den Rahmen. Der Mund verzog sich zu einem lautlosen Lachen.

Er kniff die Augen zusammen, wusste, dass er sich zusammenreißen, dass er ihr Kommen abwarten musste. Diese Hoffnung, diese verdammte Hoffnung.

Und rot überall, rot.

Er blinzelte, betrachtete den Splitter in seiner Hand, den er immer noch fest umklammerte.

Ein Seufzen glitt über seine Lippen, er ignorierte die Schmerzen, die sich von seinem Herzen aus über seinen gesamten Körper ausbreiteten. Nervös sah er auf die Wanduhr.

Kurz vor. Der Zeiger rückte, wie es ihm schien, in immer größeren Schritten auf die Zwölf zu. Dann würde sie in seinem Atelier auftauchen.

Wie jedes Mal.

Der Zeiger der Wanduhr kroch in stiller Präzision auf die Zwölf, bedeckte sie mit dem dicken Metall.

Mitternacht.

Der Schlag riss ihn aus seiner Trance, angespannt wandte er den Blick von dem großen Ziffernblatt ab.

Da stand sie. Ihre Silhouette zeichnete sich vor der weißen Wand ab, ihre roten Lippen verzogen sich zur Begrüßung zu einem süffisanten, zu einem lautlosen Lächeln. Sie sah zu dem Spiegel; unweigerlich beschleunigte sich sein Herzschlag.

Schmerzen. In der Brust. Und die aufkeimende Hoffnung. Immer wieder.

Er versuchte, sie zu unterdrücken, doch sein Blick wanderte bereits voller Erwartung zwischen ihr und dem Glas hin und her.

Herzschlag. Ein pochender Schmerz. Immer wieder.

Er hatte nicht bemerkt, dass er den Splitter wieder fest umklammerte, hatte nicht bemerkt, dass die scharfen Kanten sich bereits durch seine Haut gebohrt hatten.

Ohne den Blick von der Frau zu lösen, lockerte er seinen Griff, das Glas landete unbemerkt auf dem Parkett.

Blut lief über seinen Finger, folgte dem Weg des Splitters bis auf den Boden.

Er fokussierte ihren Gesichtsausdruck, dieser blieb unverändert. Keine Regung, keine Bewegung war in ihm auszumachen.

Jede Zelle seines Körpers schien nach ihr zu schreien, schien sie zu einer Reaktion bewegen zu wollen. Doch äußerlich blieb er stumm.

Sekunden, ja vielleicht sogar Minuten des zähen Schweigens schritten voran. Er hatte jegliches Zeitgefühl verloren, verharrte, umgeben von schier unbändiger Hoffnung.

Als sich ihr Gesicht schließlich zu ihm wandte, sah er sie immer noch an, versuchte jede noch so kleine Veränderung zu bemerken, einzufangen.

War da der Anflug eines Lächelns? Verzogen sich ihre Lippen etwas nach oben, zuckte ihr Mundwinkel, war da ein kurzes Aufblitzen in ihren braunen Augen auszumachen?

Sein Herz pochte immer wilder, die Splitter übten mit jedem weiteren Schlag einen stärkeren Druck auf das Organ aus, die Adern drohten vor Spannung zu platzen.

Sie sah ihn nun direkt an, fokussierte seinen Blick.

Nein. Da war immer noch keine Regung auszumachen.

Langsam hob sie die Hand, deutete mit einem ausgestreckten Finger auf das Kunstwerk. Wie jedes Mal.

Ihre Schritte führten sie zum Spiegel.

Wie jedes Mal.

Sie verharrte kurz, drehte sich um.

Wie jedes Mal.

Er betrachtete ihren Rücken, suchte ihn nach einem Zeichen ab, einem Zeichen, das ihm sagte, dass sie sich endlich auf dem Porträt erkennen, ihn endlich erlösen würde.

Wie jedes Mal.

Er konnte einen Teil ihrer Mimik in dem Spiegel ausmachen, erkannte, wie sich ihre Konturen mit dem Gemälde vermischten, eins mit ihm wurden, zu undefinierbaren Linien verschwammen, sich im selben Moment wieder davon lösten. Umrisse trennten und verbanden sich, ein roter Mund berührte den anderen.

Rote Lippen. Die Berührung schlug ihm mit der Wucht ihrer Vergänglichkeit entgegen.

Die Frau wandte sich von dem Spiegel ab, drehte sich wieder zu ihm um.

Doch er wusste bereits. Es hatte sich nichts verändert. Sie hatte sich in dem Porträt nicht wiedererkannt.

Sie bestätigte seine böse Vorahnung mit einem Kopfschütteln.

Taubheit. Und ein stechender Schmerz. Mit unfassbarer Wucht bohrten sich die Splitter tiefer, bildeten einen unnachgiebigen Weg, um ihn weiter zu zerstören.

»Ich komme mit dir«, hörte er sich sagen. Seine Stimme klang seltsam leer, so als wäre sie seit langer Zeit nicht mehr benutzt worden.

Die Frau schüttelte den Kopf.

Wie jedes Mal.

Sie erwiderte seinen Blick, berührte seine wunden Finger, hinterließ ein glühendes Pochen auf seiner Haut.

Dann wandte sie sich erneut dem Gemälde zu, wischte mit einer Handbewegung über den Spiegel.

Konturen verschmolzen miteinander, glitten ineinander über, der rote Glanz der vollen Lippen breitete sich zu einer matten Form seiner selbst aus. Das Bild verschwand.

Sie verschwand.

Ihre Abwesenheit ließ sich wie ein schwerer Mantel auf seinem Körper nieder, bildete ein Echo, das sich in jede Faser des Ateliers legte.

Er hob die Scherbe auf, ließ sie durch seine Finger gleiten.

# Das Dunkle deiner Träume

Ein Strich. Und noch einer.

Der Bleistift in Jennas Hand kratzte geschmeidig über das raue Papier des Zeichenblocks, während das Bild vor ihr langsam Gestalt annahm. Lauer Wind wehte ihr einige ihrer kupferfarbenen Haarsträhnen ins Gesicht und ließ sie im Licht der untergehenden Sonne beinahe rot glühen. Wie jeden Tag hatte Jenna sich am frühen Abend auf den Hügel hinter dem Haus ihrer Familie verzogen, um in Ruhe ein wenig zu zeichnen. Früher hatte sie das bloß getan, weil sie das Zeichnen so sehr liebte. Sie konnte sich schon lange nicht mehr an einen Tag erinnern, an dem sie keinen Stift in der Hand gehalten hatte. Aber seit einigen Wochen gab es auch noch einen anderen Grund für ihre immer länger werdenden Besuche auf der verlassenen Wiese nahe dem Waldrand.

Jenna sah von ihrer Zeichnung auf und betrachtete die untergehende Sonne, die alles in ein warmes goldenes Licht tunkte. Für gewöhnlich genoss sie diese Stunden in völliger Abgeschiedenheit von der Welt und deren Lärm, doch heute nicht. Heute waren nicht einmal die warme Frühlingsluft und die Schönheit des Sonnenuntergangs dazu imstande, sie von ihren düsteren Gedanken abzulenken.

Düstere Gedanken, die sie verfolgten, die in ihre Träume krochen und am Morgen aus den Schatten erwachten, als ob sie ihr zeigen wollten, dass sie niemals ganz verschwinden würden.

Früher hatte Jenna nie solche Träume gehabt. Sie war unbeschwert gewesen, voller Energie und Hoffnung, Sorglosigkeit und Zuversicht.

Doch vor ein paar Monaten hatte sich etwas verändert.

Nein, alles hatte sich verändert.

Und seitdem waren ihre Träume voll Dunkelheit und Finsternis, voller Angst und Hilflosigkeit und sie wachte jeden Morgen mit dem dumpfen Gefühl der Panik auf, welches ihre Glieder lähmte und ihre Brust zuschnürte, bis sie glaubte, daran zu ersticken.

Sie wusste, dass ihr irgendetwas entging, aber immer, wenn sie danach zu greifen versuchte, entglitt es ihr wieder. Das Einzige, was sie mit Sicherheit sagen konnte, war, dass die Schatten sie niemals losließen, egal wie hell die Sonne auch strahlte. Tief in ihr drin fühlte sie die Dunkelheit der Nacht, die ihre Gedanken beherrschte.

Jenna senkte den Blick, steckte sich den Bleistift mit der gewohnten Bewegung hinters Ohr und blätterte mit gerunzelter Stirn durch die letzten Seiten ihres Zeichenblocks. Sie erkannte genau, an welchem Tag die Träume begonnen hatten. Es war der 13. Mai gewesen, ein Tag wie jeder andere, doch wurden die Schatten in ihren Bildern seit diesem Tag länger, die Gestalten düsterer und die Striche lebendiger, als wollten sie sich geradewegs von den gestärkten Seiten erheben, herauskriechen und ihren Betrachter ganz und gar einnehmen.

Eine Gänsehaut kroch Jenna bei diesen Gedanken über die Arme und sie schüttelte energisch den Kopf, als könnte sie so die Enge vertreiben, die seit Wochen in ihrer Brust saß und ihr das Atmen erschwerte. Denn zu dem morgendlichen Unwohlsein, das schnell wieder vergessen war, hatte sich nun eine Angst gesellt, die sie keine Sekunde am Tag losließ. Sie begleitete sie, wohin sie auch ging, sogar auf diesen Hügel, der ihr schon immer eine Zuflucht gewesen war. Der einzige Ort, an dem ihre Gedanken verstummten und ihr Herz sich so frei fühlte, als würde es jeden Moment davonfliegen.

Doch diese Zeiten waren vorbei. Sie waren in dem Moment vorbei gewesen, als sie angefangen hatte zu träumen. Am 13. Mai.

Bei dem Gedanken an die dunklen Gestalten, Wesen, die sie nicht benennen konnte, und an ein Grauen, das ihr die Luft zum Atmen nahm, fuhr Jenna ein Kribbeln durch den Körper, sodass ihre Finger sich fest um den Einband ihres Blocks krampften. Ihr Puls ging hektisch und sie spürte ganz deutlich ihren Herzschlag, der nun so viel schneller gegen ihre Rippen pochte als noch vor wenigen Augenblicken.

Deshalb war sie hier. Schon seit Stunden saß sie hier und zeichnete, in der Hoffnung, dass es ihr helfen würde, die Bilder, die sie Nacht für Nacht vor ihrem inneren Auge sah, auf das farblose Papier zu verbannen. Dorthin, wo sie sie sehen konnte, wo sie greifbar waren und weniger real.

Mit einer zögerlichen Bewegung holte Jenna den Stift wieder hinter ihrem Ohr hervor, atmete einmal tief durch und fuhr dann damit fort, die Konturen des Wesens zu schraffieren. Es fiel ihr nicht schwer, sich die Bilder der vergangenen Nacht ins Gedächtnis zu rufen, und sie merkte, wie ihr Puls mit jedem Strich, für den sie den Stift über das Papier führte, ein wenig ruhiger wurde.

Na also, es funktionierte.

Ein leichtes Lächeln schlich sich in ihre Mundwinkel, während die schaurige schwarze Gestalt vor ihr immer dunkler und unheilvoller wurde. Aber Jenna sah gar nicht mehr hin. Ihre Hand flog über das Papier, korrigierte ein paar Unebenheiten, verstärkte die Schatten, die ihr mit einem Mal nicht mehr dunkel genug erschienen, und gab dem Gesicht der Gestalt einen noch grimmigeren Zug.

Sie merkte, wie ihre Ängste schwanden, während sie sich ganz dem Sog hingab, den das Zeichnen auf sie ausübte. Dabei vergaß sie, dass sie bereits vor einer Stunde hätte zu Hause sein sollen, um das Abendessen vorzubereiten. Sie bemerkte auch nur am Rande, dass ihre Glieder schmerzten und immer steifer wurden, weil sie zu lange auf dem harten Boden gehockt hatte. Sogar die Angst vor der bevorstehenden Nacht floss mit ihren übrigen Gedanken in die vor ihr liegende Zeichnung.

Und dann wurde es dunkel.

Die Sonne war verschwunden, ihre warmen Strahlen streckten sich nicht mehr bis zu dem Hügel hinauf, auf dem Jenna noch immer ganz versunken im Gras saß, während die Schatten langsam aus ihren Ecken hervorkrochen. Denn nun hatte ihre Zeit des Tages begonnen.

Als das Licht irgendwann ihr Papier grau und das Wesen darauf noch dunkler als die Nacht erscheinen ließ, hob Jenna das erste Mal seit einer ganzen Weile den Kopf. Erst jetzt spürte sie ihre eingeschlafenen Beine, den steifen Nacken und die Kälte, die ihre nackten Arme hinaufkroch. Erschrocken riss sie die Augen auf, als ihr klar wurde, wie viel Zeit vergangen sein musste und dass sie besser schleunigst zurückkehren sollte.

Das Haus ihrer Eltern lag direkt auf der anderen Seite des Hügels und wenn sie nur ein Stück weiter hinaufsteigen würde, wäre es schon zu sehen. Da der Hügel das Licht der untergehenden Sonne verdeckte, waren dort schon vor einiger Zeit die Schatten eingekehrt, was auch ein Grund dafür war, dass es Jenna jeden Abend hier hinaufzog.

Sie wollte noch ein paar Augenblicke des Lichts genießen, bevor all das erwachte, was sich in der Finsternis der Nacht verbarg und wieder einmal versuchte, sich in ihre Träume zu schleichen.

Ihre Gedanken lenkten ihren Blick direkt auf den nahen Wald, der sich rechts von ihr erstreckte und den unteren Teil des Hügels vollständig unter sich begrub. Langsam und ohne den Blick von der Dunkelheit abzuwenden, die zwischen den eng beieinanderstehenden Bäumen hervorquoll, stand Jenna auf. Den Block hielt sie fest umklammert.

Eine unerklärliche Unruhe hatte sich in ihr breitgemacht, und ihr war, als wollten ihr die Schatten zeigen, dass sie ihnen jetzt nicht mehr entkommen konnte. Ohne es wirklich zu wollen, fiel Jennas Blick auf das Bild von jenem düsteren Wesen, das sie selbst in den letzten Stunden auf weißem Papier festgehalten hatte. Nun, da sie es das erste Mal tatsächlich im Ganzen betrachtete, musterte sie ihr Werk eingehend und plötzlich entfuhr ihr ein Schrei. Sie ließ den Block reflexartig fallen, als hätte sie sich verbrannt.

»Das gibt es nicht«, hauchte Jenna und hob eine Hand an ihren Mund.

Sie kniff die Augen zusammen, öffnete sie wieder und starrte auf die schwarze Gestalt, die da vor ihr im Gras lag und das weiße Blatt so dominierte, als würde sie es jeden Augenblick verschlingen. Langsam kniete sich Jenna hin, um die Zeichnung genauer zu betrachten, ohne sie berühren zu müssen.

Mit zusammengekniffenen Augen beugte sie sich vor, sodass ihre Nase nur noch wenige Zentimeter über dem Papier schwebte, und beobachtete jeden Millimeter ihrer Zeichnung so intensiv, dass ihr schon nach einigen Sekunden die Augen schmerzten.

Und dann passierte es wieder.

Die Schatten, die das Wesen umgaben und so tiefschwarz erschienen, wie kein Stift sie je abbilden könnte, begannen zu verschwimmen. Zuerst nur ganz langsam und kaum wahrnehmbar, doch je genauer Jenna hinsah, desto stärker wurden die Wirbel aus schwarzer Nacht, die um die Gestalt waberten.

Erschrocken keuchte Jenna auf und brachte Abstand zwischen sich und das Papier, aber nun war die Veränderung in ihrer Zeichnung auch von dort deutlich zu erkennen.

»Das ist nicht möglich. Ich bilde mir das bloß ein«, haspelte Jenna, während sie mit aufgerissenen Augen versuchte, die immer stärker werdenden Bewegungen auf dem Papier als Illusion abzutun. Aber es wollte ihr einfach nicht gelingen.

Sie spürte, wie ihr Herz mit jedem Augenblick schneller pochte, bis sie bald nichts mehr hörte als das Rauschen des Blutes in ihren Ohren, das viel zu schnell durch ihren Körper gepumpt wurde. Ihre Hände wurden schwitzig. Panik stieg wie kalter Nebel in ihr auf, lähmte ihre Beine und wollte aus ihr herausbrechen. Doch wohin?

Gerade als sie sich erneut ins Gedächtnis rief, dass all das nur ihrer viel zu blühenden Fantasie zuzuschreiben war und ihre Mum vermutlich recht damit hatte, wenn sie sagte, sie solle mehr in der Realität als in ihren Traumwelten leben, passierte etwas, was all ihr gutes Zureden mit einem Schlag zunichtemachte.

Die Wirbel, die sich in den Schatten des Wesens gebildet hatten, kreisten immer schneller umher und schwollen plötzlich zu so beachtlicher Größe an, dass Jenna ein ganzes Stück zurückwich. Wenige Augenblicke später hatten sich die Schatten aus ihrem papierenen Gefängnis befreit und türmten sich gewaltig vor dem dämmrigen Himmel auf, der völlig ohne Sterne wirkte wie ein toter grauer Vorhang.

Jenna stieß einen spitzen Schrei aus, während sie rücklings auf allen vieren immer weiter den Hügel hinaufkroch. Der Anblick, der sich ihr bot, war atemberaubend und schrecklich zugleich. Nach und nach erhoben sich immer weitere Teile von ihrer Zeichnung in die Nacht und formten sich in einem einzigen schwarzen Wirbel zu ebendem Wesen, dem Jenna Nacht für Nacht in ihren Träumen begegnete. Ein Wesen voller Dunkelheit und Düsternis, voller Grauen und Entsetzen. Eine Schattengestalt.

Sie jetzt hier vor sich zu sehen, entzog Jenna sämtliche Luft aus der Lunge, sodass sie voller Panik nach Atem rang, während ihr Kopf ihr befahl wegzulaufen. Ihre Beine wollten ihr jedoch nicht gehorchen. Sie war wie festgefroren und völlig außerstande, etwas anderes zu tun, als dieses Wesen der Nacht anzustarren.

Eine panische Stimme in ihrem Kopf rief ihr zu, dass das alles nicht real sein konnte, dass sie träumte und schleunigst von hier verschwinden sollte. Aber als wenige Herzschläge später die Gestalt in voller Größe vor Jenna aufragte und sich abermals zu wandeln begann, verstummten sämtliche Gedanken in ihrem Kopf.

Nein, das hier war real. Sie sah mit ihren eigenen Augen, wie sich die Schatten formten, wie die Bilder, die darin zum Vorschein kamen, immer deutlicher wurden und vor allem immer schmerzhafter. In keinem ihrer Träume hatte sie die Schatten, die sie verfolgten, so deutlich gesehen wie jetzt. Nie hatte einer von ihnen ihr sein wahres Gesicht gezeigt und immer, wenn sie versucht hatte herauszufinden, was sich hinter den Schatten verbarg, waren sie verschwunden und an einer anderen Stelle wieder aufgetaucht.

Doch diesmal war es anders.

Alles hier fühlte sich anders an. Es war zu real. Zu real, um bloß ein Produkt ihrer Fantasie zu sein.

Und mit einem Mal regte sich etwas in ihrem Inneren.

Ihr Puls raste und das Rauschen in ihren Ohren wurde so laut, dass sie sich nicht sicher war, ob sie sich das Geräusch bloß eingebildet hatte oder ob es tatsächlich da gewesen war. Dann hörte sie es wieder.

Quietschende Reifen. Rufe. Schreie. Chaos. Und dazwischen ihre eigene Stimme, wie sie immer wieder einen Namen rief, aber keine Antwort erhielt.

So fest sie konnte, presste Jenna die Augen zusammen, um den Erinnerungen zu entfliehen, die gerade im Begriff waren, auf sie einzustürzen und alles mit sich zu reißen, was noch von ihr übrig war.

Doch es wollte ihr einfach nicht gelingen. Immer schneller kamen die Fetzen aus jener Nacht zurück an die Oberfläche und als sie die Augen mit einem Ruck wieder aufriss, blickte sie direkt in den schwarzen Nebel, der die Gestalt vor ihr umrahmte wie bei einem hübschen Gemälde.

Der Schrei, den sie ausstoßen wollte, blieb ihr im Hals stecken, als in diesem Augenblick Bewegung in die Schattengestalt kam.

Kalte Furcht krallte sich in ihr Herz und drückte ihr die Luft ab. Ihre Brust fühlte sich an, als wäre sie schlichtweg zu klein, um all der Panik Platz zu bieten, die sich in ihr aufstaute, und die eisige Kälte, die ihre Beine hinaufgekrochen war, hatte sich mittlerweile zu ihrem Herzen durchgeschlagen und umhüllte es mit ihren frostigen Schwingen.

Ihr Atem ging nur noch stoßweise, während die Schatten ihr immer näher kamen und gleichzeitig ihre Erinnerungen immer deutlicher wurden. Unbarmherzig bohrten sie sich in Jennas Innerstes und ließen ihr einen Schauer über den Rücken rinnen. Ohne Vorwarnung bahnte sich das Bild eines zertrümmerten Wagens einen Weg in ihr Bewusstsein und ließ sie erstarren. Sie war wie gelähmt und brachte es nicht fertig, sich auch nur einen Millimeter zu bewegen, während sie die immer näher rückende Gestalt anstarrte, als wartete sie auf ihr Todesurteil. Denn das war die einzige Konsequenz, die ihr jetzt noch sinnvoll erschien. Die Schatten hatten sie in ihren Träumen besucht. Seit Monaten waren sie Teil ihrer Nächte gewesen, hatten sie zu sich ziehen wollen, um sie in ihre Dunkelheit zu hüllen. Und jetzt hatten sie sie gefunden.

Als das Wesen ihr so nahe gekommen war, dass die weitesten Ausläufer der wabernden Schatten, die die Gestalt wie ein dichter Nebel umgaben, nur noch eine Handbreit von ihr entfernt waren, blieb es plötzlich stehen. Es verströmte eine solche Kälte, dass sich eine Gänsehaut auf Jennas Körper ausbreitete. Ein leises, schlurfendes

Geräusch kam aus seinem schattenhaften Mund, und Jenna begriff, dass es etwas zu sagen versuchte. Ihr Atem stockte und das Entsetzen fuhr ihr durch Mark und Bein, als sie nach weiterem, immer lauter werdendem Gemurmel des Schattenwesens endlich einen Satz heraushörte, dessen Bedeutung sie verstand.

»Wach auf, Jenna. Wach endlich auf!«

Ihr Herz fühlte sich an, als würde es jeden Augenblick stehen bleiben. Nein, das konnte nicht wahr sein. Das *durfte* nicht wahr sein!

Die Gestalt stand ihr nun direkt gegenüber und als Jenna ihr mit wild pochendem Herzen entgegensah, sickerte langsam die Erkenntnis zu ihr durch, dass sie sich nicht getäuscht hatte.

Die Stimme gehörte ihrer Mum.

Als ihr das klar wurde, rannte sie los. Das Grauen vor den Erinnerungen, die auf sie lauerten, und dem Wesen, das sie mit sich brachte, war stärker als die Furcht, die sie auf dem Boden festgehalten hatte, und befahl ihr, so schnell zu laufen wie nur möglich, nicht zurückzublicken und nicht auf die Schatten zu achten, die ihr folgen würden. Denn das taten sie, da war sie sich sicher.

Jenna spürte deutlich ihren kalten Lufthauch, während sie den steilen Hügel hinaufrannte, was sie das brennende Stechen in ihren Seiten beinahe vergessen ließ. Die Panik, die sich in ihre Brust gequetscht hatte, als wollte sie sie von innen heraus ersticken, bahnte sich nun einen Weg nach draußen und ließ Jenna keuchend nach Luft ringen und so schnell atmen, dass sie glaubte, gleich ohnmächtig zu werden.

Ohne zurückzublicken, hechtete sie den Hügel hinauf, während sie spürte, wie ihr die lange zurückgehaltenen Schluchzer in der Kehle steckten und ihr Tränen in die Augen stiegen. Aber die Angst vor dem, was sich hinter ihr befand und sie in die Nacht verfolgte, war zu groß, um dieser Versuchung nachzugeben.

Kurz bevor sie die Hügelkuppe erreicht hatte, wagte sie einen hastigen Blick nach hinten und bereute es noch in derselben Sekunde. Ihr panischer Atem brachte sie aus dem Schritt und während sie nach hinten schaute, um die schwarzen Schatten in der finsteren Nacht auszumachen, stolperte sie und fiel der Länge nach auf den Boden.

Von Panik ergriffen schrie sie auf, versuchte sich hochzuziehen und weiterzulaufen, doch da spürte sie schon die eisigen Klauen der Gestalt an ihren Knöcheln und wusste, dass sie diesen Kampf verloren hatte.

Mit aufgerissenen Augen drehte sich Jenna auf den Rücken und starrte nach oben in die Dunkelheit, die sich über sie beugte. Nun war sie sich völlig sicher, hinter der Fassade aus Schrecken und Tod die Augen ihrer Mum zu erkennen.

Es war, als würde die Zeit stillstehen. Die Nebelschwaden um sie herum hörten auf, sich zu bewegen, ihr Herz verlangsamte seinen Takt und ihre Gedanken lösten sich in Luft auf. Es fühlte sich an, als gäbe es nur noch sie und dieses Paar Augen, das Stück für Stück auf sie zukam und dabei eine Wärme ausstrahlte, die so gar nicht zu dem Wesen der Nacht passen wollte. Sie war allerdings so intensiv, dass Jenna sie auf ihrem eiskalten Körper zu spüren glaubte.

Dann war der Moment vorbei und schwarze Schatten hüllten Jenna ein, sodass alles um sie herum verschwamm und von wogender Dunkelheit erfüllt wurde. Das Atmen fiel ihr immer schwerer und das eisige Grauen, das sie durch die Nacht verfolgt hatte, senkte sich nun in aller Ruhe auf ihre Brust, um sich tief in ihr Herz zu graben.

»Du kannst nicht vor den Schatten davonlaufen.« Die Stimme des Schattenwesens war nur ein Raunen, aber von solcher Intensität, dass Jenna unwillkürlich die Luft anhielt. Ihr blieb bloß noch, das Wesen voller Entsetzen anzustarren, während sie darauf wartete, endgültig von den Schatten verschlungen zu werden.

Das Letzte, woran sie dachte, war ihr Zeichenblock voller Skizzen, der nun verloren einige Meter weiter den Hügel hinunter im Gras lag, bevor sie die Schattengestalt auf sich zukommen sah, immer dichter und dichter, bis ihr Atem versagte und die Dunkelheit vollkommen wurde.

Die Schatten hatten sie verschluckt.

Mit einem heiseren Schrei schreckte Jenna aus dem Schlaf. Reflexartig fuhren ihre Hände hinauf zu ihrem Gesicht, berührten ihre Augen, den Mund, die Nase, schließlich den Hals und blieben auf ihrem wild pochenden Herzen liegen, das ihr schmerzhaft gegen den Brustkorb trommelte.

Der Traum klebte noch wie ein Schatten an ihr, was sie dichter an das Bettende rücken ließ. Ihre Augen hatte sie weit geöffnet, trotzdem schaffte sie es nicht, der aufsteigenden Panik Herr zu werden.

Nacht für Nacht kehrte sie zurück an ihren Zufluchtsort. Nacht für Nacht sah sie dieselben Schatten, doch jeden Morgen waren es nichts weiter als flüchtige Erinnerungen und ein dumpfes Gefühl der Furcht gewesen.

Bis jetzt.

Bei der Erinnerung an das, was sie in ihrem Traum gesehen hatte, rannen Jenna heiße Tränen über die Wangen und sie presste sich die Hand auf den Mund, um ein Schluchzen zu ersticken, während die Bilder vor ihrem inneren Auge langsam Gestalt annahmen.

Nun bestand kein Zweifel mehr.

Ihre Mum war dort gewesen. Mitten in den Schatten.

Der Schmerz kam plötzlich, hüllte sie ein, türmte sich auf, bis er über ihr zusammenschlug. Jenna keuchte und schnappte nach Luft, aber es fühlte sich so an, als würde nicht ein bisschen Sauerstoff ihre Lunge erreichen, als sich langsam die Erkenntnis in ihr breitmachte, weshalb ihre Mum dort gewesen war.

Weshalb sie nicht hier war.

Der 13. Mai. Es war kein Tag wie jeder andere gewesen.

Es war der Tag, an dem sich alles verändert hatte.

Der Tag des Unfalls.

Der Tag, an dem ihre Mum in die Schatten gehen musste und nie zurückgekehrt war.

Bis jetzt.

# Der Panther

# Der Panther

Es war ein hektischer Morgen. Mara hatte verschlafen, weil sie seit Kurzem nachts kaum ein Auge zubekam. Völlig außer Atem drängte sie sich an Passanten auf der Rolltreppe vorbei. Von allen Seiten wurde sie angerempelt. Sie musste gegen den Menschenstrom anschwimmen und hatte kurz dabei das Gefühl zu ertrinken. Alles war so viel und so anstrengend. Trotzdem musste sie in den zweiten Stock der Bahnhofsgalerie. Dort lag die Buchhandlung, in der sie arbeitete.

Gerade als sie oben angekommen war, traf sie der Blick des Raubtiers. Kalt, düster und *so müd, dass er nichts mehr hielt*. Er gehörte zu einem hageren Kerl mit weiß blitzenden Zähnen. ›Der Panther‹ nannte Mara ihn deshalb, nach dem Gedicht von Rainer Maria Rilke. Nur gab es *keine tausend Stäbe* zwischen ihnen, sondern nur seine Augen in ihrer Welt.

Ohne es zu wollen, kämpfte sich ein lauter Schrei aus ihrer Kehle, gefolgt von einem Schluchzen. Sie ertrug es einfach nicht mehr! Immer war er da und starrte sie an. Immer. Immer. Immer! Und sie hatte Angst. Ihr Blickfeld verschwamm vor ihren Augen. Sollten sie doch alle gucken! Ihr konnte nichts passieren, wenn jeder sie sah. Sichtbarkeit war Sicherheit.

Jemand packte sie an der Schulter. Mara schrie lauter.

»Mara, was ist denn los?«, drang es leise zu ihr durch. Eine Frauenstimme. Tanja, ihre Kollegin.

Mara verstummte, wischte sich über das Gesicht.

Der Panther war verschwunden.

Stattdessen stand nur die freundlich plumpe Gestalt von Tanja vor ihr, an der rein gar nichts raubtierhaft war – nicht mal das Haarband mit Leopardenprint. Die Besorgnis in ihrem Gesicht war deutlich zu erkennen.

Irritiert ließ Mara ihre Augen über die Bahnhofshalle schweifen, während ihr Herz noch immer viel zu schnell gegen den Brustkorb hämmerte. Vom zweiten Stock hatte sie eine perfekte Sicht auf die Züge. Wenn sie nur nicht so viele Menschen umringen würden. Sie sahen sie an, als würde etwas nicht mit ihr stimmen. Als wäre sie verrückt.

Wohin war der Kerl nur verschwunden? Mara schob sich an den Leuten vorbei an das Geländer. Ihr Blick wanderte nach unten. War er das? Die dürre Gestalt mit dem schwarzen Mantel an Gleis acht? Sein Gang war unverkennbar. *Geschmeidig weiche Schritte, selbst auf allerkleinstem Kreise.*

»Der da! Der stalkt mich!«, rief sie, deutete nach unten. Einige der Umstehenden folgten ihrem Fingerzeig, aber Mara konnte nur Ratlosigkeit auf ihren Gesichtern lesen. »Der Kerl in Schwarz. Dort ... er ...«

Er war natürlich weg. Wie immer! Frustriert fuhr sie sich durch die Haare, krallte ihre Fingernägel für einen Moment in die Kopfhaut.

Der Schmerz erdete die junge Frau. Sie durfte nicht verzweifeln. Sie drehte sich zu ihrer Kollegin, die hinter sie getreten war.

»Du hast den Typ nicht gesehen, oder?«, fragte Mara mit rauer Stimme.

Kurz zögerte Tanja, schüttelte schließlich den Kopf. Sie hatte dabei die Lippen entschuldigend aufeinandergepresst. Mara seufzte.

Anstatt die Arbeit in der Bahnhofsbuchhandlung anzutreten, ließ Mara sich von Tanja entschuldigen und nahm die nächste U-Bahn zurück zu ihrer Wohnung. Sie setzte sich auf eine der unbequemen Sitzbänke parallel zu den Fenstern. Direkt neben den Türen. Den herben Geruch nach ihrem eigenen Angstschweiß in der Nase. Ob es andere auch riechen konnten? Oder ging es in dem typischen Gestank aus billigen Parfüms, Fast Food und kalten Zigaretten unter, der den öffentlichen Verkehrsmitteln stets anhaftete? Hoffentlich.

Sie rieb ihre feuchten Hände an der Hose, versuchte so, das Gefühl der Angst endlich abzuschütteln.

Der Panther ... Seit Tagen war er immer da, wenn Mara die Wohnung verließ. Manchmal entdeckte sie ihn nur aus dem Augenwinkel. In einem vorbeifahrenden Bus. In einem Café, das sie passierte. Und immer starrte er sie an. *Der Blick ging durch die Glieder angespannte Stille*, ließ sie jedes Mal schaudern. Auch bei der Arbeit wurde sie das Gefühl nicht los, verfolgt zu werden. Bei jedem schwarz gekleideten Mann, der den Laden betrat, kam ihr Herz aus dem Takt, stolperte und brauchte ein paar Momente, bis es sich wieder fing. Bis die Erkenntnis kam, dass dort nichts ... niemand Bedrohliches war.

Maras Spiegelung in den Bahnfenstern sah gespenstisch aus. Normalerweise mochte sie ihr leicht verschwommenes Ich in der

Dunkelheit. Als würde man einen Unschärfe-Filter auf sie legen, und zurück blieb nur ein schöner Schemen. Jetzt war allerdings nichts schön an ihr. Tiefe Augenringe ließen ihre Augen klein und das Gesicht viel zu übernächtigt aussehen. Die brünetten Haare, die sie sonst zu einem ordentlichen Pferdeschwanz zusammenband, waren heute nur ein unordentlicher Dutt. Sie hatte die Hoffnung gehegt, damit ihren Hair-from-hell-Day zu kaschieren. Grauenhafte Entscheidung. Sie wirkte wie eine dieser verwahrlosten, verrückten Frauen, wie man sie aus Serien und Filmen kannte.

Plötzlich spürte sie etwas Kaltes im Nacken, irritiert griff sie danach und bemerkte, wie sich eine Hand zurückzog. Erschrocken blickte sie zur Seite. Das Grinsen des Raubtiers traf sie aus dem fahlen Gesicht. Fast konnte sie die spitzen Zähne hervorblitzen sehen. Der Panther neigte den Kopf zur Seite und wieder zurück. Ein Starren, so eindringlich, dass es *einen großen Willen betäubte*. Mara. Sie war nur noch eine Beute.

Unter seinem toten Blick wurden ihre Knie weich und Mara spürte, wie sich Tränen nach oben drängten. Warum hatte sie ihn nicht in der Spiegelung bemerkt? Er saß doch direkt neben ihr. Am liebsten würde sie ihn anschreien. Die Leute in der U-Bahn fragen, ob sie ihn auch sehen konnten. Aber was, wenn nicht? Was würde das für sie bedeuten? Würde sie wie August enden?

Trotzdem brauchte Mara Gewissheit. Sie riss sich von diesen hypnotischen Augen los, wandte sich an die Person auf der anderen Seite von ihr. Ein junger Kerl mit Kopfhörern und unreiner Haut.

»Siehst du ihn auch?« Ihre Stimme zitterte. Sie deutete in Richtung des Panthers. Noch immer war er da, klar, so real … Er hatte sie angefasst. Konnten Hirngespinste einen berühren?

Verständnislos blinzelte der junge Typ, schüttelte kurz den Kopf und nahm einen der Ohrstöpsel heraus. »Was?«

»Den Kerl, siehst du den? Der in Schwarz«, fragte sie. Im Augenwinkel nahm Mara noch immer seinen dunklen Schemen wahr.

»Was soll mit dem sein?« Der Typ sah ihn also auch. Er war keine Wahnvorstellung!

Mara holte tief Luft. »Er verfolgt mich«, flüsterte sie dem jungen Mann zu und hoffte inständig, er hörte den leicht hysterischen Unterton in ihrer Stimme nicht. Vergebens.

Der Junge rückte unbehaglich ein Stück von ihr ab, warf einen skeptischen Blick von Mara zu ihrem Verfolger. Wie konnte er nicht die Gefahr erkennen, die von dem Panther ausging?

Mara richtete die Augen wieder auf die Stelle, an der bis eben noch das Raubtier gewesen war. Nun stand dort ein älterer Herr in einem schwarzen Mantel. Hatte der Junge ihn verwechselt? Hatte sie ...

»Hören Sie, Lady, da sollten Sie am besten die Polizei rufen. Ich muss hier jetzt raus.«

Die U-Bahn kam tatsächlich in diesem Moment zum Halten, und begleitet von dem Piepsen der Tür floh der Bursche aus der Bahn. Vor Mara.

Sie wischte sich über die Augen, damit niemand die Tränen bemerkte. Der Panther saß drei Reihen entfernt und blickte sie unverwandt an. Mara blinzelte kurz. Er verschwand.

Mara saß auf dem Bett. Eine Tasse Johanniskrauttee stand auf dem Nachttisch neben ihr, verbreitete einen wohltuenden Kräuterduft. Da ihr einfach nicht mehr richtig warm wurde, hatte sie die Heizung höher gedreht und sich in eine Decke eingewickelt.

Trotzdem zitterten ihre Hände, als sie durch die Kontaktliste ihres Smartphones scrollte. Ein leises Klopfen war zu hören, als würde jemand gegen ihre Fensterscheibe schlagen.

Tock. Tock. Tock.

Einen Moment verharrte Mara über dem Telefonsymbol, drückte schließlich darauf.

»Mara?«, hörte sie die vertraute Stimme ihrer Mutter. Tock.

Sie begann zu schluchzen, brachte keinen Ton über die Lippen.

»Spatz, was ist denn los?« Selbst über die leicht knisternde Leitung konnte Mara die Sorge ihrer Mutter hören. Tock. Tock. Tock. Tock. Tock.

Sie atmete tief durch, versuchte ihre Fassung wiederzuerlangen. Tock. Tock.

»Hast du die Nummer von Augusts Therapeutin?«, fragte Mara stockend.

Tock.

Immer wieder – tock – unterbrachen Schluchzer sie – tock.

»Warum? Mara, du machst mir Angst.«

»Jemand verfolgt mich«, gestand sie. Tock. Tock. Tock. Tock. Tock.

»Und du denkst, dass … es ist wie bei August?« Tock.

Wie sie beide die Worte nicht aussprechen konnten: paranoide Schizophrenie. Ihr Bruder litt seit ein paar Jahren darunter. Er dachte, er würde von Vampiren verfolgt, und hatte deshalb im vergangenen Frühjahr das erste Mal versucht, sich umzubringen. Bisher erfolglos. Es war allerdings nur eine Frage der Zeit, bis … Tock. Tock. Tock. Tock.

»Hörst du das?« Mara hielt das Telefon in Richtung des Fensters.

Nichts ertönte.

Kein Geräusch mehr.

Ihre Mutter verneinte selbstverständlich.

Mara rieb sich mit der freien Hand über die Stirn. Sie wohnte im dritten Stock. Selbst wenn ihr Verfolger real wäre, könnte er nicht gegen die Scheibe klopfen. Trotzdem tat er genau das, seit sie zu Hause war. Er schwebte vor ihrem Fenster. Seine Hand verharrte vor der Scheibe. Er grinste. Mara stand auf und zog die Vorhänge hastig zu.

Tock. Tock. Tock. Tock. Tock. Tock.

Verdammt.

Verdammt.

Tock.

Verdammt.

»Hast du nun die Nummer? Oder kannst du mir einen Termin machen?« Sie klang wie ein Kleinkind und fühlte sich genauso. Hilflos mit dem dringenden Bedürfnis nach einer liebenden Umarmung.

»Die ... die Therapeutin ist ... unbekannt verzogen«, brachte ihre Mutter zögerlich hervor.

Tock. Tock. Tooock.

Unbekannt verzogen? Durfte das eine Psychologin überhaupt? Tock. Ein weiterer Schluchzer entfuhr Mara, während sie sich wieder auf ihr Bett fallen ließ.

»Und was ist mit August?«, fragte Mara schließlich. Irgendwer musste sich doch um ihn kümmern. Tock. Tock. Tock. Tock. Und vielleicht auch um sie.

»Er wird aktuell ... stationär behandelt. Zu seiner eigenen Sicherheit.« Tock. Tock.

Wieso wusste Mara nichts davon? Seit sie ausgezogen war, hatte sie zwar nicht mehr so intensiv Kontakt gehalten, aber das waren doch Dinge, über die man sie informieren musste, oder? Tock.

»Warum hast du mir nichts gesagt, Mama?« Tock. Tock.

»Wir wollten dich nicht unnötig belasten, mein Spatz.« Ihre Stimme klang entschuldigend, trotzdem war Mara wütend. Sie war doch kein … Tock. Tock. Tock.

»So ein …« Tock. Tock. Tock. Tock.

»Ich kann aber jemand für dich suchen! Ich rufe morgen früh gleich ein paar Leute an, dann helfen sie dir, genau wie August.« Tock. Tock.

Wie August, dem niemand helfen konnte. Der lieber tot wäre, als weiter verfolgt zu werden. Tock. Tock. Tock. Tock.

»Ich … geh jetzt schlafen«, erwiderte Mara leise. Sie fühlte sich so erschöpft. Tock. Tock.

»Mara, mach keine Dummheiten, ja?«, ermahnte sie ihre Mutter. Tock.

»Du kennst mich doch …« Sie legte auf. Tock. Tock. Tock. Tock. Aber was sollte Mara tun? Dem Wahnsinn konnte man nicht entkommen, oder? Immerhin wohnte er in ihrem Kopf, begleitete sie überallhin. Ließ sie nicht mehr los. So viel hat ihr August darüber immerhin verraten. Tock. Die Vampire lauerten überall. Tock. Tock. Der Panther wollte sie zerreißen. Tock. Tock. Tock. Der liebe August. Tock. Tock. Tock. Tock.

Mara legte das Smartphone auf den Nachttisch und zog die Decke über sich, in der Hoffnung, so dem Geräusch zu entrinnen. Tock. Tock. Sie drückte sich das Kissen auf die Ohren. Tock. Tock. Tock. Sie schrie in das Kissen. Tock. Tock. Tock. Tock. Tock. Tock.

Verzweifelt warf sie das Kissen von sich, grub sich aus der Decke hervor. Tock. Tock. Tock. Tock. Das Geräusch wurde lauter, je näher sie dem Fenster kam. TOCK. TOCK. TOCK.

Mara *schob den Vorhang lautlos auf.* To… Das Geräusch verhallte. *Ein Bild ging hinein.* Ausgehungert, blass, dunkel. *Ging durch die Glieder angespannte Stille.* Sie riss das Fenster auf.

»Komm schon, verdammt! Was willst du, Panther?«, schrie Mara. Sein Gesicht war plötzlich direkt vor ihrem. Der Geruch von Verwesung schlug ihr entgegen. Sie taumelte erschrocken zurück. Weiße, spitze Raubtierzähne blitzten gierig auf, verlangten nach Blut.

War ein Kaninchen paranoid, wenn es von einem Panther gejagt wurde?

*Hörte im Herzen auf zu sein.*

# Die eine Nacht

# Die eine Nacht

Mit einem beklommenen Seufzer ließ sie die Tür hinter sich ins Schloss fallen.

Den Schlüsselbund warf sie achtlos auf die Kommode, gefolgt von ihrer Tasche.

Früher hatte sie ihn noch behutsam auf das Möbelstück gelegt, um selbiges nicht zu beschädigen. Heute war der Lack von Schlieren und Kratzspuren durchzogen.

Ohne sich die Mühe zu machen, in die Hocke zu gehen, um die Schuhbänder der weißen Sneaker zu öffnen, schlüpfte sie aus diesen und schob sie mit dem Fuß beiseite. Den Reißverschluss ihres olivgrünen Parkas hatte sie bereits im Aufzug geöffnet, sodass sie ihn bloß noch von ihren Schultern streifen musste – ein Akt der Anstrengung am Ende eines solchen Tages.

Als sie die Jacke an die Hakenleiste hängte, konnte die Schlaufe das Gewicht nach all den Jahren nicht mehr tragen, und die Naht riss. Bevor das Kleidungsstück auf den Fußboden fiel, schnappte sie reflexartig nach der einst flauschigen Kapuze, welche nun verfilzt und kratzig war. Der Versuch, sie an dieser aufzuhängen, misslang.

Immer wieder rutschte der wuchtige Anorak von dem kleinen Haken, bis sie letztlich aufgab und den Parka missmutig auf der schmalen Garderobenbank liegen ließ.

Beinahe so erschöpft, wie sie sich fühlte, wirkte das Kleidungsstück, als ein Ärmel langsam zu Boden glitt. Käme sie versehentlich gegen die Bank, so würde die Jacke wohl endgültig fallen. Allerdings hatte sie nicht vor, die Wohnung an diesem Tag erneut zu verlassen. Ob sie den Parka in den Morgenstunden vom Haken nehmen, von der Bank oder dem Fußboden auflesen würde, war ihr einerlei.

Blind griff sie in die Handtasche und tastete nach ihrem Mobiltelefon. Während der Suche zwickten und stachen alle möglichen Objekte ihre Hand. Endlich bekam sie das Kabel ihrer In-Ear-Kopfhörer zu greifen und zog. Daran hing nicht nur ihr Handy, auch längst verschollene Bobby Pins und Haargummis kamen zum Vorschein. Einige Minuten verbrachte sie damit, den verhedderten Haarschmuck zu befreien.

Als sie die losen Gegenstände in der Hand hielt, überlegte sie kurz, diese in den Badezimmerschrank zu räumen. Doch besonders jetzt im Herbst, bei den stürmischen Winden, nervte es sie, wenn ihr die Haare ins Gesicht fielen und so die Sicht beeinträchtigten. Sie befand es für besser, vorbereitet zu sein, daher öffnete sie den Reißverschluss des kleinen Innenfaches ihrer Tasche und verstaute dort die Haarklemmen und -bänder, bis auf eines, welches sie über den Handrücken streifte.

Oberhalb der Kommode befand sich ein Spiegel, in dem sie ihrem Anblick begegnete, sobald sie aufsah. Ihre Haut wirkte fahl, nahezu gräulich. Das Licht der frühen Abendsonne strahlte durch das Fenster in den Gang. Es verlieh allem im Raum, das es traf, einen goldenen Schein. Nur sie selbst wirkte farblos. Leblos. Sie lehnte sich vor, um ihr Gesicht im Spiegel genauer zu betrachten. Durch das unregelmäßig abgetragene Make-up waren dunkle Ringe unter ihren müden Augen erkennbar. Ihr Blick wirkte leer.

Schließlich bemerkte sie das penetrante Blinken ihres Mobiltelefons aus dem Augenwinkel. Sie entsperrte es, um ihre Nachrichten zu überprüfen, als das Pop-up-Fenster ihr die Worte entgegenschrie: ›+++ACHTUNG! Erneut Einbrüche i...‹.

Sie legte das Smartphone wieder auf die Kommode. Diesmal mit der Bildschirmseite nach unten. Ohne weitergelesen zu haben, wusste sie bereits, welcher Ort genannt wurde. Seit Tagen gab es kein anderes Thema mehr. Egal ob im Supermarkt, in den öffentlichen Verkehrsmitteln oder auf der Straße. Überall wurde getuschelt und spekuliert, wer die Verbrechen in der Gegend begangen haben könnte, wie man sich am besten selbst davor schützte, das nächste Opfer zu werden.

Bereits auf dem Weg ins Bad begann sie sich auszuziehen. Alles, was sie soeben noch getragen hatte, stopfte sie in den längst überquellenden Wäschekorb.

Schon viel zu lange schob sie den Waschtag vor sich her. Bald würde ihr die saubere Kleidung ausgehen. Abends wollte sie nicht das Haus mit der lauten Maschine beschallen und an ihren freien Tagen fehlte ihr oftmals die Kraft, den gesamten liegen gebliebenen Haushalt auf einmal zu erledigen.

Ehe sie sich unter die Dusche stellte, band sie ihre Haare zu einem hohen Dutt. Es dauerte nicht mehr lange, bis sie zu Bett gehen würde, und mit nassen Haaren schlafen wollte sie nicht. Natürlich hätte sie diese auch föhnen können, allerdings bereiteten ihr das laute Surren sowie der hitzige Luftstrahl Kopfschmerzen.

Wegen des kalten Duschwassers, welches auf sie niederprasselte, breitete sich eine Gänsehaut über ihren gesamten Körper aus. Es dauerte immer eine Weile, bis der Boiler das Wasser aufgeheizt hatte.

Der erste Schock machte ihr nichts aus. Durch ihn fühlte sie sich wacher, man könnte auch, wie in der Werbung, sagen: *belebt*. Das auf der Verpackung des Duschgels abgedruckte Versprechen, mit bereits einer haselnussgroßen Menge aus dem Alltag ans Meer entführt zu werden, wurde jedoch nicht eingehalten. Wer auch immer für das Marketing verantwortlich war, konnte unmöglich je selbst am Meer gewesen sein.

Der Geruch des Meeres war nicht seifig, nicht sauber.

Mit einer Mischung aus Algen, Sand oder auch Steinen war er eher dreckig.

Und vor allem salzig.

In der Spiegelung der Ducharmatur erkannte sie, dass auch die *wasserfeste* Wimperntusche ihrem Werbeversprechen nicht treu war. Die schwarzen Mascara-Krümel, die sich auf ihrem Gesicht verteilt hatten, entfernte sie mit dem parfumfreien Waschgel, welches sie in der Dusche aufbewahrte. Mit dessen Schaum wurden keine paradiesischen Vergleiche wie mit dem Meer gezogen, dafür brannte es mindestens genauso in den Augen wie das salzige Nass.

Als die letzten Seifenreste im Abfluss verschwunden waren, stellte sie das Wasser ab, bevor sie nach dem Tuch tastete, um sich abzutrocknen. Ein dumpfes Geräusch ließ sie zusammenzucken. Sie drehte sich um und sah, dass der Duschkopf aus der Halterung gerutscht war. Einen Moment lang hatte sie einen Einbruch befürchtet.

Lächerlich. Wie hätten die Kriminellen unbemerkt in ihre Wohnung, geschweige denn in die Duschkabine kommen sollen?

Verärgert über ihre Schreckhaftigkeit schüttelte sie den Kopf. Es durchfuhr sie ein Schauer, als sie das dampfende Badezimmer verließ.

In der absurden Hoffnung, etwas zu entdecken, das sie die letzten Male übersehen hatte, öffnete sie den Kühlschrank. Bereits auf den ersten Blick war zu erkennen, dass ihr Wunsch bei der spärlichen Auswahl unerfüllt bleiben würde. Dafür fand sie in einem der Küchenschränke, zwischen den Trockenzutaten versteckt, eine Packung Instant-Ramen.

Während sie darauf wartete, dass das Wasser aufkochte, zog sie ihr Nachtgewand an, bestehend aus ihrem alten Lieblingsshirt und einer ausgeblichenen Pyjamahose. Eigentlich waren die Kleidungsstücke längst nicht mehr repräsentabel. Jedoch verband sie mit den Sachen glückliche Erinnerungen, welche beim bloßen Tragen zurückkamen und ein Bruchstück der wohligen Gefühle mit sich brachten.

Sie holte ihr Handy aus dem Vorzimmer, wischte die Information über die Einbrüche beiseite und las die verpassten Nachrichten, während sie das heiße Wasser über die mit Würze bestreuten Nudeln goss.

»Es wurde wieder eingebrochen«, warnte ihre Mutter sie.»Diesmal sogar bei Opas Nachbarin. Pass auf dich auf!« Wie es schien, konnte sie dem Thema einfach nicht entkommen. Kein Wunder, dass sie bereits selbst paranoid wurde. Ihre Mutter hielt immer wieder Ausschau nach Gaunerzinken an Gegensprechanlagen, Haustüren oder Briefkästen, während sie selbst kaum darauf achtete. Zwar lebte sie allein, aber bis auf wenige Euro in ihrem Portemonnaie gab es bei ihr nichts zu holen – keine teuren Wertgegenstände, kein vererbter Schmuck, nichts dergleichen.

Zudem wohnte sie nicht im Erdgeschoss, bei dem es ein Leichtes wäre, durch ein Fenster einzusteigen und schnell mit der Beute zu verschwinden. Man würde beim Treppensteigen bestimmt Leuten begegnen. Im Aufzug hätten die Mitfahrenden sogar genügend Zeit, die Eindringenden zu mustern, um sie später für eine Fahndung zu beschreiben.

Dennoch versicherte sie ihrer Mutter, vorsichtig zu sein, als die nächste Nachricht aufpoppte: »Du kommst doch heute?«

»Nein, tut mir leid«, tippte sie. »Ich wünsche euch trotzdem viel Spaß.«

Sie hatte noch offengelassen, ob sie zu der Party gehen würde. Abgesehen von den Kostümen und der Schminke waren Veranstaltungen zu Halloween nicht anders als andere: in erster Linie alkoholreich, laut und voller Dramen, die aus einer Telenovela stammen könnten.

An diesem Tag erneut mit einer Masse an Leuten konfrontiert zu werden, war ihr zu viel. Die Nachbarskinder, welche in Kleingruppen von Haus zu Haus gingen, um Süßigkeiten zu sammeln, waren genau die Menge an Menschen, die sie heute noch ertragen konnte.

An anderen Tagen war es nicht möglich, ohne einen Schlüssel in das Mehrparteienhaus zu gelangen. Lediglich an Halloween wurde für die Kinder eine Ausnahme gemacht. Nachdem das letzte gebrüllte »Süßes oder Saures« vor einigen Minuten verklungen war, zog sie sich mit dem restlichen Naschzeug in ihr Schlafzimmer zurück.

Das Kopfkissen war noch zerknautscht von der Nacht zuvor, die Decke eigenartig verdreht, das Laken zerknittert. Provisorisch schüttelte sie das Bett auf, bevor sie sich an das vertikal platzierte Kissen lehnte und sich zudeckte. Sie löste ihren Laptop, welcher auf dem Nachttisch gelegen hatte, vom Ladekabel und ersetzte ihn durch das Smartphone, dessen Akku an der Reihe war, aufgeladen zu werden. Die Schüssel mit dem Weingummi schob sie in Griffnähe.

Lustlos klickte sie sich von Trailer zu Trailer. Weder die Filmausschnitte noch die Beschreibungen des Medienportals konnten sie für einen Spielfilm begeistern. Die Zeit, welche sie mit der Suche danach verbrachte, entsprach bereits selbst der Länge eines Blockbusters. Mühevoll versuchte sie die Augen offen zu halten, bis sie den Laptop schließlich unzufrieden beiseitelegte. Die übrigen Süßigkeiten in Vampirgebiss- und Mumienform, passend zum Fest der Untoten, waren fast aufgegessen.

Mühselig schlurfte sie in die Küche und stellte die Schüssel ab, bevor sie sich die Zähne im Bad putzte. Zurück im Schlafzimmer löschte sie das Licht, ließ sich bäuchlings auf das Bett fallen und umklammerte ihr Kopfkissen.

Sie sank in einen traumlosen Schlaf, bis sie Geräusche vernahm.

Leise drängten sich unverständliche Worte und Musikunterlegung an ihr Ohr.

Die Familie von nebenan schien im Gegensatz zu ihr bei ihrer Filmsuche erfolgreich gewesen zu sein. Tagsüber fielen solche Laute nicht weiter auf. Der Straßenverkehr und die spielenden Kinder vor dem Haus übertönten sie.

Ein dumpfes Geräusch hallte durch die Wohnung.

Es klang, als wäre die Jacke von der Garderobenbank nun doch auf den Fußboden gefallen. Nichts, was sie sonderlich überraschte, dennoch war sie kurz zusammengezuckt. Sie drehte sich um und zog die

Decke ans Kinn. Wegen solch einer unbedeutenden Kleinigkeit würde sie nicht aufstehen.

Nach einiger Zeit horchte sie erneut auf.

Schritte?

Ihr Atem erschien ihr plötzlich unfassbar laut, sodass sie diesen anhielt. Da war es wieder. Nun war sie sich ziemlich sicher, dass es Schritte waren. Etwas an ihnen war beunruhigend. Um aus der benachbarten Wohnung zu stammen, klangen sie zu nahe.

Sie fühlte einen Windhauch.

Hatte jemand die Schlafzimmertür geöffnet oder stammte der Luftzug von dem Fenster? Hatte sie das Fenster überhaupt gekippt?

Es gehörte zu ihren Routinen, die automatisiert abliefen. Denen sie keine Beachtung mehr schenkte, weil sie zum Alltag gehörten. Sie versuchte sich zu erinnern, als sie glaubte, die Türklinke zu hören. Vielleicht war es ihre Freundin, die nach der Halloween-Party mit dem Taxi zu ihr gefahren war. Möglicherweise hatte sie sich mit ihrem Freund gestritten und wollte nicht zu Hause übernachten. Einen Wohnungsschlüssel besaß sie.

Ihr Herzschlag beschleunigte sich.

Das Pochen dröhnte in ihren Ohren.

Im Gegensatz zu ihrer Atmung konnte sie das rauschende Blut in ihrem Körper nicht kontrollieren.

Sollte es sich um ihre Freundin handeln, hatte sie bestimmt probiert, sie telefonisch zu erreichen. Doch was, wenn es nicht ihre Freundin war?

Was, wenn es sich doch um die kriminelle Bande handelte, die in Wohnungen einbrach?

Wenn sie sich schlafend stellte, würden sie vermutlich bald wieder gehen, sobald sie festgestellt hatten, dass es nichts Wertvolles zu stehlen gab. Ohne ihre Stimmen zu hören, ohne sie zu sehen, würde sie der Polizei kaum dienlich sein. Bemerkten sie aber, dass sie nicht schlief, könnte es sie dazu bewegen, ihr körperlich etwas anzutun. Vielleicht hatten sie Pistolen oder würden sich mit einem Messer aus ihrer Küche bewaffnen, um sie als lästige Zeugin auszuschalten. *Du bist paranoid. Schlaf einfach weiter. Morgen wird sich alles aufklären.* Mit diesen Worten gelang es ihr einen Moment lang, ihre Angst zu mindern.

Da waren sie wieder.

Die Schritte.

In ihren Gedanken ließ sie alle Artikel, alle Meldungen und Gespräche, die sie über die Einbrüche mitbekommen hatte, Revue passieren. Bisher war niemand verletzt worden. Wenn sie sich recht erinnerte, waren die Opfer bisher allerdings nie zu Hause gewesen.

Sie spürte, wie die Matratze einsank, als würde sich jemand neben sie legen. Wäre es ihre Freundin, würde sie genau das tun, versuchte sie sich selbst zu beschwichtigen. Möglichst ruhig ins Schlafzimmer gehen und sich schlafen legen. Aber vielleicht würde sie ihr auch etwas zuflüstern, in der Hoffnung, dass sie aufwachte.

Fast geräuschlos atmete sie tief durch die Nase. So nah müsste sie die Person eigentlich riechen können, Parfum, Aftershave oder auch Schweiß – doch nichts davon nahm sie wahr.

Etwas strich ihren Rücken entlang. War das ein Test, um herauszufinden, ob sie schlief, oder verfolgte dieser fremde Jemand andere Pläne? Bildete sie sich die Berührung gar nur ein?

Wie wenn man glaubte zu spüren, dass einem eine Spinne über den Arm krabbelte, obwohl keine da war?

Sie hielt die Ungewissheit nicht mehr aus und beschloss, sich umzudrehen.

Wäre es ein Mitglied der kriminellen Gruppierung, würde die Person ihr unruhiges Verhalten vielleicht als Anlass sehen, die Wohnung schnell zu verlassen.

Erst jetzt bemerkte sie, dass sie sich gar nicht bewegen konnte.

Sie probierte ihren Oberkörper zu drehen. Er gehorchte nicht. Die Decke lag schwer auf ihr. Es war, als drückte sie sie runter. Immer tiefer in die Matratze. Als würde sie in Treibsand versinken.

Panik stieg in ihr auf.

Es fühlte sich an, als könnte sie nicht mehr atmen.

Ihr war klar, dass sie sich beruhigen musste. Um sich von ihrer Angst abzulenken, begann sie sich auf einzelne Körperteile zu fokussieren. Sie versuchte ihre Beine zu bewegen, ihre Finger zu heben. Nichts regte sich. Sie hatte den Eindruck, je mehr sie sich anstrengte, desto weniger Kontrolle hatte sie über ihren Körper. Abgekämpft wich ihre innere Anstrengung Resignation.

Es war aussichtslos.

Sie glaubte, Umrisse zu erkennen, obwohl sie wusste, dass sie die Augen geschlossen hatte. Imaginierte Schatten tanzten hinter ihren Lidern.

Das einzig Reale, wie ihr schmerzlich bewusst wurde, war: Was auch immer geschah, sie war der Situation hilflos ausgeliefert.

Sie versuchte der Ausweglosigkeit zu entkommen und sich in den rettenden Schlaf zu flüchten. Nach einer unendlichen Weile, es mochten Minuten oder Stunden gewesen sein, gelang ihr endlich, woran sie nicht mehr geglaubt hatte: Sie riss die Augen auf.

Als sie sich umdrehte, schnappte sie nach Luft.

# Die falsche Schwester

# Die falsche Schwester

*1856, Kilkenny in Irland*

Zitternd vor Kälte schlug Caitlin die Augen auf und entdeckte zu ihrer Verwunderung, dass das Fenster offen stand. Ein frostiger Wind wehte in das Kämmerchen. Grummelnd zog sie die Decke bis zum Kinn und blickte zu ihrer Schwester Keela, in der sie die Schuldige für solch eine Unachtsamkeit vermutete.

Caitlin erstarrte, ihr stockte der Atem und sie hatte das Gefühl, sogar ihr Herz würde für einen Schlag aussetzen. Im schwachen Schein des Mondlichts zeichnete sich eine große Gestalt vor Keelas Bett ab. Dunkle Schwingen, die an die Flügel einer Fledermaus erinnerten, wuchsen aus ihrem Rücken. Bläuliche Haut blitzte unter einem Fetzengewand hervor. Nach vorne gebeugt betrachtete sie das schlafende Mädchen unter sich.

Die Angst schnürte Caitlin den Hals zu. Sie wollte schreien, die Kreatur von ihrer Schwester zerren, irgendetwas tun, aber kein Ton kam über ihre Lippen. Sie konnte sich nicht rühren – gefangen in ihrem eigenen Körper, lag sie da. Nur ihr Herz hämmerte so laut in ihrer Brust, dass sie fürchtete, sich dadurch zu verraten. Blut rauschte in ihren Ohren, und kalter Schweiß trat auf ihre Stirn.

Das Geschöpf streckte seine Hand nach Keela aus. Lange, spitze Krallen wuchsen aus den Fingern.

Caitlin sah bereits schaudernd vor sich, wie es diese in das Fleisch ihrer Schwester bohren würde. Ein klägliches Wimmern verließ ihren Mund, welches das Wesen ignorierte. Stattdessen fuhr es geradezu zärtlich durch Keelas langes blondes Haar, welches seidig über das Kopfkissen floss.

Diese bemerkte von alldem nichts. Tief und fest schlief sie, frei von jedem Kummer und zufrieden im Reich der Träume.

Ein leises Knarren erklang und ein Schatten fiel in das Zimmer. Eine weitere geflügelte Gestalt hatte sich auf der Fensterbank niedergelassen und spähte in das Innere. Als hätte sie nur auf deren Eintreffen gewartet, griff die andere Kreatur unter Keela und hob sie aus dem Bett. Wie tot hing sie in deren Armen, mit geschlossenen Lidern und einem friedlichen Lächeln auf den Lippen – völlig ahnungslos, völlig wehrlos.

Irgendetwas stimmte nicht mit ihr. Sie hätte längst aufwachen müssen. Diese Monster mussten ihr etwas angetan haben, dessen war sich Caitlin sicher.

Tränen sammelten sich in ihren Augen und ein Schrei in ihrer Kehle. Sie krallte ihre Finger in die Bettdecke und kämpfte darum, die Kontrolle über ihren Körper zurückzuerlangen. Ihre Atmung beschleunigte sich, aber die Eindringlinge schenkten ihr keinerlei Beachtung. Es ging ihnen nur um Keela.

Das Geschöpf überreichte die Schwester an den Artgenossen. Dieser drückte das Mädchen besitzergreifend an sich, bevor er sich abstieß und sich in den Nachthimmel erhob.

Ein Ruck ging durch Caitlins Körper, als wäre ein Zauber gebrochen. Sie hastete sofort zum Fenster und starrte suchend in die Dunkelheit.

Nebelschwaden waberten um die Hütte, so dicht, dass nicht einmal das nächste Haus zu erkennen war. Der an das Dorf grenzende Wald lag hinter dem Dunst verborgen. Nur das Rauschen der Blätter im Wind erinnerte an ihn. Der Ruf eines Uhus zerriss die Stille.

Bebend vor Furcht und Schock fuhr Caitlin herum, in der Erwartung, sich der schrecklichen Kreatur gegenüberzusehen. Doch stattdessen saß ihre Schwester aufrecht in ihrem Bett, gähnte müde und rieb sich den Schlaf aus den Augen, als wäre nichts gewesen.

Der Schrei, der sich in Caitlins Brust gesammelt hatte, brach sich Bahn. Heftig und ungezügelt drang er hervor, erschütterte die gesamte Hütte, hallte durch das Dorf und scheuchte wahrscheinlich sogar die Tiere im Wald auf. Die Anspannung wich aus ihrem Körper, und ihre Beine gaben unter ihr nach. Schluchzend und zitternd kauerte sie am Boden, als die Eltern in die Kammer gestürmt kamen. Der Vater trug die Axt bei sich. Alarmiert schauten sie von einer Schwester zur anderen. Beide machten einen verstörten Eindruck.

»Die Feen«, stammelte Caitlin und deutete anklagend auf Keela. »Die Feen haben sie geholt.«

Ihre Schwester atmete schockiert ein und schüttelte verständnislos den Kopf. »Als ich aufgewacht bin, stand sie vor dem offenen Fenster. Dann hat sie, wie aus dem Nichts, angefangen zu schreien.«

Verunsichert musterten die Eltern ihre Töchter, ehe sie einen besorgten Blick austauschten. Sie konnten nicht wissen, was hier vor sich ging. Für sie musste es so aussehen, als wären beide Mädchen noch dort, wo sie sein sollten.

»Schluss mit dem Unfug«, polterte der Vater unwirsch. »Caitlin, sieh zu, dass du in dein Bett kommst!«

»Aber das ist nicht Keela«, beharrte Caitlin verzweifelt. »Das ist nicht meine Schwester! Die Feen haben an ihrer Stelle ein Wechselbalg zurückgelassen.«

Die Legende war weit über die Grenzen der Provinz bekannt und gefürchtet. Feen, die zur Mitternachtsstunde in die Häuser der Menschen kamen und deren Kinder mit sich nahmen, während sie einen der ihren zurückließen. Alte Geschöpfe, deren Lebzeit beinahe vorbei war und die nur zum Sterben blieben. Sie nahmen die Gestalt des Kindes an, sodass der Wechsel oft nicht sofort bemerkt wurde. Erst nach dem Tausch wurde das Kind scheinbar krank und starb innerhalb weniger Wochen. Der Sage nach waren es vor allem Säuglinge, die aus ihren Betten geraubt wurden, hin und wieder auch ältere Kinder oder sogar Erwachsene, die sich durch besondere Schönheit, Stärke oder Intelligenz hervortaten. Die Feen wollten sich mit ihnen paaren, um sich unbemerkt unter den Menschen bewegen zu können.

Keela war das schönste Mädchen des ganzen Dorfes, während Caitlin eher unscheinbar wirkte. Sie waren Zwillinge und doch hätten sie nicht unterschiedlicher sein können.

Nur kurz streifte der Blick des Vaters seine blonde Tochter, ehe er wütend den Kopf schüttelte und sich erneut an Caitlin wandte. »Genug! Ich verbiete dir, solch einen Irrsinn zu verbreiten. Du hast schlecht geträumt, mehr nicht.«

Caitlin wusste, was sie gesehen hatte. Sie wünschte von ganzem Herzen, dass es nur ein Traum gewesen wäre, denn dann wäre ihre

Schwester noch bei ihr. Aber sie konnte sich nicht selbst betrügen. Es schmerzte sie, dass ihre Eltern ihr nicht glaubten.

Als sie sich vom Boden erhob, befand sich dort eine noch warme Pfütze. Entsetzen zeichnete sich auf den Gesichtern der Eltern ab. Ihre fünfzehnjährige Tochter, mehr Frau als Kind, hatte sich eingenässt. Welche Schande, wenn die Nachbarn davon erfahren würden!

»Mein Gott«, keuchte die Mutter und schlug sich die Hände vor den Mund, ehe sie aus dem Raum hastete, um einen Lappen zu holen.

»Pfui, schäm dich«, fuhr der Vater Caitlin erbost an. »Geh mir aus den Augen und mach dich sauber!«

Schnell flüchtete Caitlin sich in die Stube, wo sie sich mit kaltem Wasser wusch und ihr Nachtgewand schrubbte, bis ihre Hände ganz rot waren. Unentwegt vergoss sie dabei Tränen, um ihre verlorene Schwester und wegen der Ungerechtigkeit, die ihr selbst widerfuhr.

Am nächsten Morgen vertrieb die Sonne den Nebel und die Schatten der Nacht. Tau glitzerte auf den Gräsern, und Vögel zwitscherten im Chor. Welch trügerischer Frieden! Es wäre für Caitlin leicht gewesen, sich der Illusion zu fügen und so zu tun, als wäre Keela immer noch ihre Schwester. Aber sie hatte kein Auge mehr zumachen können und sich nicht zurück in die gemeinsame Schlafkammer gewagt. Stattdessen hatte sie vor dem verglühten Feuer ausgeharrt, bis es hell genug war, um Holz zu hacken.

Noch bevor sie in die Hütte zurückkehrte, vernahm sie Keelas unbeschwertes Lachen. Es klang aufgesetzt in ihren Ohren, viel zu grell, auch wenn die Eltern keinen Unterschied zu bemerken schienen. Als Caitlin in die Stube trat, verstummten sie bei ihrem Anblick. Ihr Haar war ungekämmt und verschwitzt von der anstrengenden Arbeit. Gewiss ließ die Müdigkeit ihr Gesicht zusätzlich fahl wirken.

»Komm, setz dich zu uns und iss etwas«, schlug ihre Mutter versöhnlich vor. Es war noch ein halber Brotlaib übrig, von dem sie ihr eine dickere Scheibe als üblich abschnitt. Dazu schenkte sie ihr einen Becher voll Ziegenmilch ein. Beides stellte sie einladend auf den Tisch.

Die falsche Schwester und der Vater hatten bereits Platz genommen und musterten sie argwöhnisch. Caitlin wusste, dass es nichts bringen würde, Keela erneut zu beschuldigen. Alles, was sie tun konnte, war Geduld zu bewahren und darauf zu hoffen, dass der Wechselbalg schon bald seine wahre Natur offenbaren würde. Sie vermied es, in seine Richtung zu blicken, als sie sich niederließ. Verschämt zupfte sie sich ein Stück Brot ab und schob es sich in den Mund. Der Teig war jedoch so trocken, dass sie ihn kaum zu schlucken vermochte. Auch die Milch half nicht, denn von dieser wurde ihr vor lauter Sorgen nur schlecht.

Keela zeigte derweilen einen gesunden Appetit und hatte bald ihre Brotscheibe verzehrt, wobei sie munter mit dem Vater plauderte.

Nach der Mahlzeit gingen alle ihrer üblichen Arbeit nach: Der Vater begab sich auf die Jagd, die Mutter kümmerte sich um die Stube, und die Schwestern gingen in das Dorf, um Wasser zu holen und Besorgungen für die Eltern zu erledigen. Für gewöhnlich taten sie das gemeinsam, denn auch wenn sie sehr verschieden waren, fühlten sie sich einander tief verbunden. Dieses Mal verließ Keela das Haus früher, ohne auf Caitlin zu warten.

Als diese den Marktplatz erreichte, entdeckte sie ihre Schwester umringt von anderen Mädchen.

Sie hatten die Köpfe zusammengesteckt und tuschelten, doch sobald sie Caitlin bemerkten, verstummten sie und starrten das dunkelhaarige Mädchen misstrauisch an.

Was mochte der Wechselbalg ihnen erzählt haben?

Seit jeher war Keela die Beliebtere der Zwillinge gewesen, dennoch hatte jeder auch Caitlin akzeptiert. Das lag zu einem großen Teil daran, dass Keela es nicht duldete, wenn jemand schlecht über ihre Schwester sprach. Nun schien *sie* es jedoch zu sein, die Gerüchte über sie in Umlauf brachte. Das bestärkte Caitlin nur noch in ihrer Überzeugung, dass es sich bei ihr um einen Wechselbalg handeln musste. Irgendwann würden das auch die anderen merken.

Sie straffte die Schultern, hob das Kinn und gab sich Mühe, die neugierigen Blicke nicht zu beachten. Stattdessen ging sie zum Brunnen und holte Wasser, so wie jeden Tag.

Als der Abend kam und es Zeit wurde, ins Bett zu gehen, nahm Caitlin unbemerkt ein Messer an sich und versteckte es unter ihrem Kopfkissen. Wenn sie nicht eine weitere Nacht vor dem Ofen verbringen wollte, war sie gezwungen, sich mit dem Wechselbalg ein Zimmer zu teilen. Sie wagte es nicht, ihre Eltern noch einmal darauf anzusprechen, was sie in der letzten Nacht gesehen hatte. Diese wirkten erleichtert über die scheinbare Normalität. Es war angenehmer, die Ereignisse zu verdrängen, als sich mit ihnen auseinanderzusetzen.

Mit klopfendem Herzen lag Caitlin in der Dunkelheit, die Waffe griffbereit, und lauschte auf den Atem ihrer falschen Schwester. Selbst dieser klang ungewohnt.

»Du benimmst dich seltsam«, sprach Keela sie plötzlich leise an, als auch von Mutter und Vater nichts mehr aus der Stube zu hören war.

»Ich weiß, was du bist«, zischte Caitlin unbeirrt zurück. Der Wechselbalg konnte vielleicht alle anderen täuschen, aber sie nicht.

»Du weißt, was die Leute sagen, wenn sich jemand anders als sonst verhält, nicht wahr?« Keelas Stimme klang schneidend, wenn nicht sogar boshaft. Eine Warnung lag in ihren Worten verborgen, die Caitlin erstarren ließ.

*Wenn sich jemand anders als gewohnt benimmt, dann ist es jemand anderes – ein Wechselbalg.*

Das war die gängige Ansicht.

Caitlin ließ sich von der Drohung nicht einschüchtern. Es war absurd, dass jemand *sie* für ein Wechselbalg halten könnte. Die Menschen des Dorfes kannten sie schon ihr ganzes Leben.

Trotzdem lag sie auch diese Nacht wieder wach. Sie fand keinen Schlaf, solange sich ein Monster im selben Raum wie sie aufhielt. Zudem trauerte sie um ihre Schwester, die ins Reich der Feen entführt worden war. Vermutlich fürchtete sie sich dort noch mehr als Caitlin – umgeben von fremden Geschöpfen, ganz allein.

Auch in der folgenden Woche konnte Caitlin in Gegenwart des Wechselbalgs kaum Nahrung zu sich nehmen und in den Nächten nicht schlafen. Dadurch zeichneten sich bald dunkle Schatten unter ihren Augen ab, die sie kränklich wirken ließen. Das Gerede der Dorfbewohner verstärkte sich dadurch nur noch. Es sprach sich herum, dass Caitlin nachts die Fenster ihres Zimmers für die Feen öffnen würde. Außerdem entging den Leuten nicht, dass die Zwillinge sich plötzlich mieden. Zuvor hatte man sie meist nur als Zweiergespann angetroffen und nun gingen sie getrennte Wege. Während Keela so schön wie eh und je war und den Menschen fröhlich begegnete, zog Caitlin sich immer mehr zurück. Die anderen sahen darin ein Zeichen dafür, dass sie eifersüchtig auf ihre Schwester sei. Das Feenvolk war bekannt für seinen Neid auf die Menschen, deshalb stahlen sie ihre Kinder.

Eines Abends, als der Vater von der Arbeit heimkehrte, knallte er die Tür hinter sich zu und schaute wütend zu Caitlin. »Mir sind Gerüchte über dich zu Ohren gekommen«, warf er ihr vor, noch ehe er seinen Mantel abgelegt hatte.

Caitlin wusste, dass ihr Vater es nicht leiden konnte, wenn über seine Familie schlecht geredet wurde. Sie hatte sich nicht anders als sonst benommen, aber die Nachbarn mieden sie und tuschelten hinter ihrem Rücken.

»Es tut mir leid, Vater«, beteuerte sie besänftigend. »Ich habe mit niemandem über jene Nacht gesprochen.«

Der Wechselbalg hatte Lügen über sie verbreitet, um jeden Verdacht von sich zu lenken.

Caitlin schöpfte Hoffnung, dass ihr Vater dies nun vielleicht erkennen würde, doch dieser setzte sich ihr gegenüber an den Tisch und musterte sie kritisch.

»Du zitterst ja«, stellte er fest und starrte anklagend auf ihre Hände.

Caitlin nahm sogleich die Arme vom Tisch und schlang sie sich um den Körper. »Mir ist nur kalt.«

Angst ließ ihr Herz schneller pochen. Es hieß, dass Wechselbälger Zuckungen hätten und an diesen zu erkennen seien.

Das Misstrauen des Vaters schien geweckt. »Kein Wunder, so wenig, wie du in letzter Zeit isst.« Sein Blick fiel auf das Messer und die Gabel, welche unangerührt neben Caitlins Teller lagen.

Das Besteck war aus Eisen, welches Feen mieden.

»Mich lässt dieser Albtraum einfach nicht los«, gestand Caitlin mit gesenktem Kopf. Sie fürchtete ihren Vater erneut zu erzürnen, aber sie konnte ihm auch keine andere Erklärung liefern.

Er wusste offenbar sofort, von welchem *Albtraum* sie sprach.

»Es ist nicht Keela, die sich eigenartig benimmt«, stellte er fest.

Die Nüchternheit in seiner Stimme zerschmetterte jede Hoffnung Caitlins, dass ihre Eltern endlich die Wahrheit erkennen würden.

Stattdessen wendete sich der Vater von ihr ab und schaute in das Feuer, welches im Ofen loderte. »Caitlin, sei so gut und lege etwas Holz nach«, forderte er sie auf.

Caitlin wusste, warum er das tat: Feen fürchteten nichts mehr als Feuer.

Auch sie hatte Angst vor den Flammen, dennoch gehorchte sie, erhob sich von ihrem Platz am Tisch und kniete vor dem Ofen nieder. Der Hebel, welcher die Luke verschloss, war zu heiß, um ihn mit den bloßen Fingern berühren zu können, deshalb nahm sie ihre Schürze zu Hilfe.

Als sie die Tür geöffnet hatte, schlug ihr eine enorme Hitze entgegen, die sie zurückweichen ließ. Schnell griff sie nach einem Holzscheit und warf es in das Feuer. Es sprühten Funken. Einer davon traf sie an der Wange und sie keuchte erschrocken auf. Sie wollte die Öffnung wieder schließen, aber ihr Vater sagte: »Noch nicht! Dir ist kalt, wärme dich an den Flammen.«

Beunruhigt wandte sie sich zu ihm herum und begegnete seiner abschätzigen Miene. Er schaute sie an, als wüsste er genau, dass sie etwas verbrochen hatte, und erwartete ein Geständnis von ihr. Auch ihre Mutter blickte in ihre Richtung, das Gesicht vor Sorge verzogen. In den Augen des Wechselbalgs glaubte Caitlin hingegen ein boshaftes Funkeln zu sehen.

»Halt die Hände ans Feuer«, wies ihr Vater sie an.

»Mir ist nicht mehr kalt«, protestierte Caitlin zaghaft. Sie konnte die Anspannung fühlen, welche sich in der kleinen Stube entlud.

Für einen Moment herrschte Schweigen, dann schob der Vater ruckartig seinen Stuhl zurück und polterte mit schweren Schritten auf sie zu. Er packte grob ihren Arm und schwenkte diesen in Richtung des offenen Feuers.

Caitlin schrie panisch auf und versuchte sich seinem Griff zu entwinden. »Nein«, kreischte sie. »Du wirst mich verbrennen!«

Unbarmherzig zerrte der Vater sie dichter an den Ofen. »Ich lasse nicht zu, dass sich ein Wechselbalg in mein Haus schleicht!«

Sein Vorwurf traf Caitlin wie eine Ohrfeige. Wie konnte er annehmen, dass *sie* eine Fee war?

Sie wehrte sich gegen ihn, aber war nicht stark genug, um freizukommen. Tränen rannen über ihre heißen Wangen, während sie verzweifelt zappelte. Die Hitze der Flammen traf sie an der nackten Haut. Es tat entsetzlich weh, dennoch war sie sich gewiss, dass das Feuer sie noch nicht berührt hatte.

»Nicht!«, rief die Mutter plötzlich und tauchte hinter ihrem Mann auf. Sie schlang ihre Arme um ihn. »Lass sie los! Wir können uns nicht sicher sein. Das ist nichts als Gerede.« Angst schwang in ihrer zittrigen Stimme mit.

Ihr Flehen erweichte den Vater und er ließ Caitlin los, doch seine Zweifel waren längst nicht gelöscht. Voller Verachtung blickte er auf sie hinab.

Schluchzend presste Caitlin sich ihren glühenden Arm an den Oberkörper. Mehr noch als ihre Haut schmerzte das Misstrauen. Der Wechselbalg hatte es tatsächlich geschafft, einen Keil zwischen ihre

Eltern und sie zu treiben. Hämisch grinsend hockte er am Tisch und schaute sie triumphierend an.

Nach jenem Vorfall wurde es nicht besser, sondern nur schlimmer. Caitlin konnte sich nicht einmal mehr in ihrem Zuhause sicher fühlen. Sie zwang sich zum Essen, um keinen Verdacht zu erregen. Aber jeder Bissen fühlte sich an, als müsste sie Sägemehl schlucken. Schlafmangel und die ständige Furcht machten sie zittrig. Sie versuchte anderen Menschen aus dem Weg zu gehen und mied es, sie anzusehen. Dies brachte jene zu der Überzeugung, dass an den Gerüchten etwas dran sein müsse, und sie beschimpften Caitlin auf offener Straße oder spuckten sie gar an.

Ihr Zustand verschlechterte sich zusehends: Sie magerte ab, ihre Haut war aschfahl und das Haar glanzlos. Dazu wiesen ihre Augen eine ungesunde Rötung auf von den vielen Tränen, die sie heimlich vergoss.

Als Caitlin eines Nachmittags vom Brunnen zurückkehrte, erwarteten ihre Eltern sie bereits in der Stube. Zwei Nachbarn waren ebenfalls anwesend. Sie alle hielten Ruten aus Haselnusszweigen in den Händen, mit denen sie auf Caitlin einschlugen, kaum dass sie über die Schwelle trat. Auf diese Weise wollten sie andere Feen hervorlocken, die ihnen ihre richtige Tochter zurückbringen sollten.

Caitlin schrie, flehte und wimmerte – erfolglos. Keiner der Anwesenden zeigte Erbarmen. Mit vereinten Kräften trieben die vier Erwachsenen sie in das Kämmerchen, das sie sich mit ihrer Schwester geteilt hatte. Dort wurde sie an Händen und Füßen an das Bettgestell gefesselt.

Weinend suchte Caitlin den Blick ihrer Mutter. »Mama«, schluchzte sie hilflos. »Warum tut ihr mir das an?«

Die Miene ihrer Mutter verhärtete sich, und nichts als Kälte schlug ihr entgegen. »Weil ich meine Tochter liebe!«

Sobald Caitlin sich nicht mehr wehren konnte, zückte der Vater eine Phiole mit einer trüben rötlichen Flüssigkeit. Er zog den Korken aus der Öffnung, und ein fauliger Gestank erreichte Caitlins Nase. Entsetzt schüttelte sie den Kopf. Sie wusste, worum es sich dabei handelte: ein Gebräu aus Fingerhut. Nichts vertrieb einen Wechselbalg angeblich besser. Es war giftig – nicht nur für Feen.

Ihre Angst blieb nicht unbemerkt. Die Mutter beugte sich über sie und nahm Caitlins Gesicht zwischen ihre Hände, nicht sanft, wie die Berührung einer Mutter sein sollte, sondern grob und schmerzhaft.

»Wenn du das nicht trinken willst, dann bring mir meine Tochter zurück«, fauchte sie.

Caitlin sah in ihren Augen, dass nichts, was sie sagen würde, ihre Mutter umzustimmen vermochte. Es war zu spät. Sie konnte nicht mehr entkommen. Je mehr sie sich wehrte, umso schlimmer würde es nur. Resignation erfasste sie und ihr Körper erschlaffte. Regungslos ließ sie zu, dass ihr Vater ihr den Mund aufriss.

Der erste bittere Tropfen des Gifts berührte ihre Zunge und ließ sie würgen – ein Instinkt, den es ihr nicht zu unterdrücken gelang. Ein letztes Mal bäumte sie sich auf, rang um ihr Leben, aber wurde von vier kräftigen Erwachsenen niedergedrückt. Sie ließen erst von ihr ab, als die Phiole geleert war.

Caitlins Körper reagierte sogleich auf das Gift. Ihr Magen rebellierte und zog sich schmerzhaft zusammen. Sie hätte sich am liebsten gekrümmt und die Arme um ihre Beine geschlungen, das war ihr jedoch nicht möglich, da sie noch immer gefesselt war. Ihr wurde übel und sie schaffte es gerade noch, den Kopf zur Seite zu drehen, bevor sie sich erbrach.

Die Erwachsenen standen teilnahmslos neben ihrem Bett und starrten auf sie herab. Keiner hielt ihr das Haar aus dem Gesicht. Keiner machte sie mit einem feuchten Tuch sauber.

»Jetzt können wir nur noch abwarten«, verkündete der Vater. »Mit etwas Glück wird das Gift den Wechselbalg vertreiben und unsere Tochter nach Hause zurückkehren.«

Sie verließen die Kammer und überließen Caitlin sich selbst.

Trotz allem, was ihr angetan worden war, wünschte Caitlin sich verzweifelt, ihre Eltern mögen sich noch einmal zu ihr umdrehen, nur ein Blick über die Schulter, aber sie verschwanden hinter der Tür. Caitlin war sicher, ihre Eltern nicht wiederzusehen. Der Schmerz war so heftig und überwältigend, dass sie sich nach dem Tod sehnte, nur um nicht mehr leiden zu müssen.

Ein starkes Pochen breitete sich in ihren Schläfen aus und Fieber erfasste ihren Körper, der unkontrolliert zitterte. Sie stöhnte vor Qual, während die Stunden verstrichen, eine schlimmer als die andere.

Es war Nacht, als sich eine kühle Hand auf ihre Stirn legte und Caitlin erschrocken zusammenzucken ließ. Über sich erblickte sie das schöne Gesicht ihrer Schwester, welches sie im ersten Moment glücklich und erleichtert lächeln ließ. Bis ihr wieder einfiel, dass sie der Grund für all ihr Leid war. Nicht Keela spendete ihr Trost, sondern der Wechselbalg ergötzte sich an ihrem Unheil.

»Armes Menschenkind«, wisperte das Geschöpf in die Dunkelheit. »Wie grausam die Deinen sind! Blind vor Hass foltern sie ihr eigen Fleisch und Blut.«

Zu Caitlins Erstaunen klang der Wechselbalg nicht höhnisch, sondern mitleidig.

»Das ist deine Schuld«, beharrte sie dennoch. »Du hast meine Schwester gestohlen und dafür gesorgt, dass alle mich verdächtigen.«

»Ich war es nicht, der dich beinahe lebendig verbrannt hätte. Ich habe dich nicht ans Bett gefesselt und dir gewaltsam Gift eingeflößt«, verteidigte er sich. »Erkennst du es nicht? Wir Feen würden unsereins nie solchen Schmerz zufügen. Deiner Schwester fehlt es an nichts im Feenreich. Sie lebt dort als eine der unseren, frei von all dem Hass der Menschen, die ihre reine Seele mit der Zeit vergiftet hätten.«

Die Worte des Wesens machten Caitlin nachdenklich, dennoch wusste sie nicht, ob sie ihm glauben konnte. Zu lange war ihr von ihren Eltern und anderen Erwachsenen eingeredet worden, dass die Feen bösartige Kreaturen seien, denen nicht zu trauen sei. Sie war mit der Furcht vor ihnen aufgewachsen. »Ihr habt sie gegen ihren Willen entführt!«

»Das stimmt«, gab es zu und strich Caitlin eine Haarsträhne aus dem Gesicht. »Aber *du* hast eine Wahl! Du wirst diese Nacht überleben und kannst weiter unter deinesgleichen leben, die dich so leichtfertig misshandelt haben. Oder du kehrst ihnen den Rücken und folgst deiner Schwester in das Feenreich. Ich lade dich dorthin ein. Doch sei gewarnt, denn wenn du erst einmal dort bist, gibt es für dich kein Zurück.«

Verunsichert blickte Caitlin in das vertraute Gesicht ihrer Schwester, hinter dem sich jedoch ein fremder Geist verbarg. Sie hatte nicht erwartet, dass dieser ihr gestatten würde, Keela wiederzusehen.

Wie um seinen Worten Wirkung zu verleihen, löste er die Fesseln und schenkte Caitlin ihre Freiheit.

Sie fuhr sich über ihre aufgeschürften Handgelenke. Die Wunden würden verheilen, auch wenn der Schmerz in ihrem Herzen blieb. Könnte sie je wieder ihre Eltern ansehen, ohne daran denken zu müssen, was sie ihr angetan hatten?

»Was geschieht mit dir, wenn ich fort bin?«, hakte sie skeptisch nach. »Bisher ist es dir gelungen, alle zu täuschen, aber wie willst du mein Verschwinden erklären?«

»Gar nicht«, erwiderte der Wechselbalg schlicht. »Mein Leben neigt sich dem Ende. Noch vor dem nächsten Sonnenaufgang werde ich nicht mehr sein. Du musst dich jetzt entscheiden, denn nur in dieser Nacht kann ich dich in das Reich der Feen führen. Ohne mich wirst du es niemals finden.«

Einladend streckte er ihr die Hand entgegen.

Caitlin könnte sie ergreifen und sich von ihm in die Ungewissheit führen lassen. Alles, was auf ihr Verschwinden hindeuten würde, wäre ein offen stehendes Fenster …

# Die Ratte

# Die Ratte

Das Erste, was sie im Geschäft sah, war ein Gehege voller Einhörner. Zumindest war das die treffendste Bezeichnung, die ihr einfiel. Sie waren kleiner als Pferde, eher so groß wie Labradore, und auch die Form ihrer Beine und des Halses erinnerte sie an einen Hund. Im Gehege tummelten sich etwa zehn Tiere in unterschiedlichen Farben. Sie alle hatten makelloses kurzes weißes Fell, das durchsetzt war von einem silbernen, goldenen oder zartrosafarbenen Schimmer. Die Farben ihrer Mähnen und Hörner jedoch umfassten das gesamte Spektrum des Regenbogens. Eine Schar Kinder drängte sich um das Gehege und quiekte jedes Mal aufgeregt, wenn eines der Fohlen auch nur mit dem Huf zuckte.

Anja machte einen Bogen um die Kinder und sah sich im Geschäft um. Zu ihrer Linken waren Käfige für Nager und andere Kleintiere aneinandergereiht, auf der rechten Seite deckenhohe Volieren, Aquarien und Terrarien. Die hüfthohen Regale entlang der Mittelgänge waren mit leeren Käfigen, Futter, Spielzeug und anderem Zubehör gefüllt. Anja schlenderte an den Nagerkäfigen vorbei und betrachtete die Tiere. Sie entdeckte Kätzchen in Handtaschengröße, aufrecht laufende Hamster und ein Kaninchen im Schafspelz. Je weiter sie den Gang entlangging, desto eigenartiger wurden die Tiere. Sie musterte gerade eins und fragte sich, wo vorne und hinten war, als jemand sie ansprach.

»Herzlich willkommen bei Patch-a-Pet! Kann ich Ihnen weiterhelfen?«

Anja drehte sich um und sah einen Teenager in grünem Patch-a-Pet-T-Shirt. Er lächelte gelassen und schien unbeeindruckt von den schrillen Kinderstimmen am Eingang.

»Ich bin mir nicht sicher«, sagte Anja. Sie deutete die Reihe der Nagerkäfige entlang. »Sind das hier alle Tiere, die Sie anbieten?«

»Bei Weitem nicht«, erwiderte er, »was Sie hier sehen, sind nur unsere Topseller. Wir haben einen Katalog mit derzeit 216 vorkonstruierten Exemplaren. Sie können Ihr Haustier jedoch auch völlig frei erstellen, von Schnurrhaar bis Schwanzspitze.«

Anja runzelte die Stirn. »Freie Konstruktion? Das heißt, ich kann alles entwerfen, was ich möchte?«

»Fast«, erklärte der Mitarbeiter, »Patch-a-Pet hat Genome Editing auf das nächste Level gebracht. Wir können die DNA von Tieren nahezu beliebig modellieren, indem wir DNA-Sequenzen verschiedener Tierarten kombinieren. Haben Sie die Einhörner am Eingang gesehen? Eine Mischung aus Schimmel, Border Collie und Narwal. Plus ein Fünkchen Magie.« Er zwinkerte ihr zu. »Aber das ist nur der Anfang! Bei uns können Sie exklusive Extrapakete erwerben, die es so im Tierreich noch nicht gegeben hat. Zum Beispiel können wir die Haut geschuppter Tiere so modifizieren, dass sie eintreffendes Licht um den Körper herum bricht.«

Anja unterbrach ihn. »Das heißt, Sie entwickeln unsichtbare Tiere?«

»Ganz genau.« Er grinste breit. »Allerdings gehört dieses Paket nicht zur Standardausstattung. Unsichtbare Tiere sind, nun ja, schwierig. Daher bieten wir sie nur mit Sondergenehmigung an.«

»Verstehe«, sagte Anja und überlegte kurz. »Wie kann ich also mein eigenes Haustier konstruieren?«

»Ganz einfach, an unseren Personalizer-Stationen.« Er deutete auf einen Bereich weiter hinten im Laden. Anja entdeckte dort fünf Sessel mit schwenkbaren Bildschirmen auf Augenhöhe. »Unsere Software führt sie durch die Erstellung Ihres ganz persönlichen Haustiers. Sie können es gern ausprobieren.«

»Danke, das werde ich.«

»Sehr gern. Falls Sie Fragen oder Probleme haben, helfe ich gern.«

Er machte die Andeutung einer Verbeugung und schlenderte in Richtung der Volieren davon. Anja ging zu den Personalizer-Stationen und ließ sich in einem Sessel am Rand der Reihe nieder.

Noch bevor sie sich zurücklehnen konnte, erwachte der Bildschirm zum Leben und das Patch-a-Pet-Logo leuchtete auf. Darunter erschien der Text »Bitte erlauben Sie der Patch-a-Pet-Personalizer-Station 1 Zugriff auf Ihr Kommunikationsmodul.« Anja blickte auf ihre Uhr, tippte zweimal darauf, und der Text auf dem Bildschirm verschwand. Stattdessen erklang eine fröhliche Melodie in ihren Ohren, die sie aus den Werbespots wiedererkannte. Dann ertönte eine Frauenstimme.

»Herzlich willkommen bei Patch-a-Pet, Ihrem Nummer-eins-Anbieter für personalisierte Haustiere. Möchten Sie ein vorkonstruiertes Haustier aus unserem Katalog wählen oder Ihr ganz persönliches Modell erstellen?« Auf dem Bildschirm tauchten zwei Buttons auf. Anja klickte auf den rechten für das personalisierte Modell. »Sie möchten Ihr ganz persönliches Haustier erstellen. Eine sehr gute Wahl! Ich werde Sie durch die dreizehn Schritte der Konstruktion Ihres Haustiers begleiten. Ich wünsche Ihnen viel Spaß!«

Das Logo hüpfte seitlich aus dem Bild. Stattdessen flog von unten die Überschrift »1. Wahl des Basismodells« ins Bild und eine Kacheloberfläche baute sich auf. Die Kacheln drehten sich nacheinander um und jede zeigte das Bild eines anderen Tiers. Anja rollte mit den Augen und hatte bereits genug von den Animationen.

»Bitte wählen Sie das Basismodell Ihres neuen Haustiers. Das Basismodell dient als Orientierung und Sie können es im weiteren Verlauf beliebig modifizieren.«

Anja scrollte durch die Bilder und war überrascht, dass sie einige der Basismodelle nicht kannte. Was war ein Axolotl? Das Tier sah aus, als wäre es bereits genmodifiziert. Sie schüttelte den Kopf, scrollte wieder zum Anfang und klickte auf das Bild der Ratte.

Die Kacheln verschwanden, und die Überschrift lautete nun »2. Größe und Erscheinungsbild«. Die animierte Ratte glitt in die rechte, untere Ecke und drehte sich dort um die eigene Achse. Im Hintergrund erschien die Silhouette eines Menschen, und die Stimme erklärte ihr, dass sie mit dem Schieberegler die Größe des Tiers einstellen könne. Entlang des Balkens waren einige Bereiche farblich hervorgehoben und mit kleinen Bildchen versehen. Der Auswahlknopf befand sich weit auf der linken Seite, in der Mitte des grün markierten Bereichs mit dem Piktogramm einer Ratte. Darunter stand der Text »Für Ihr Basismodell empfohlen«. Anja schob den Knopf nach rechts und die sich noch immer munter drehende Ratte am Bildschirmrand wuchs.

Als sie den Schieberegler etwa bis zur Mitte des gelben Bereichs mit dem Bild eines Hundes geschoben hatte, poppte eine Warnung auf und die Stimme erklärte ihr: »Bitte beachten Sie, dass eine Größenänderung weit über oder unter die für ihr Basismodel empfohlene Größe hinaus zu erheblichen Änderungen des Erscheinungsbilds führen kann.«

Anja sah, dass die kleine Ratte nun sehr viel kräftigere und längere Beine hatte als vorher. Darunter stand der Text: »Simulation – Endergebnis kann abweichen.« Sie schob den Regler wieder zurück zum rechten Ende des grünen Bereichs.

In den nächsten anderthalb Stunden klickte sich Anja langsam durch alle dreizehn Kategorien. Von einfachen Einstellungen wie der Fellfarbe (*karamellfarben, Blue Sunburst, holografisch*) und der Ernährungsform (*vegan, fleischfressend, Paleo*), zu exotischen wie dem Körpergeruch (*frisches Heu, Vanille, Kaffee*) oder der Persönlichkeit (*treudoof, exzentrisch, abergläubisch*).

In den meisten Fällen blieb sie bei den empfohlenen Parametern oder wählte, was ihr nützlich erschien. Sie entschied sich zum Beispiel für schlichtes schwarz-weißes Fell, kombinierte es aber mit dem Extrapaket *Chamäleonfell: Erlaubt dem Tier seine Fellfarbe entsprechend seiner Umgebung zu verändern*. Bevor sie die Persönlichkeit einstellen konnte, informierte sie die Stimme:

»Bitte beachten Sie, dass Persönlichkeit und Talente nur eingeschränkt in die DNA eingeflochten werden können. Die Ausbildung gewünschter Eigenschaften erfordert korrekte Erziehung und disziplinierte Training.«

Anja musste an ihren alten Klavierlehrer denken. Er meinte, ein Instrument zu erlernen, sei 1 % Talent und 99 % Übung. Sie hielt kurz inne, scrollte durch die Liste der Talente und fand tatsächlich *Musikalische Begabung* darin.

Bei der Vorstellung, wie ihre Ratte unter vollem Körpereinsatz über die Tasten ihres Klaviers sprang, musste sie laut lachen. Kopfschüttelnd entschied sie sich dagegen und wählte stattdessen allgemeinere Charakterzüge, wie *listig*, *geschickt* und *zielstrebig*.

Besonders angetan war Anja vom Regler zur Intelligenzanpassung. Die Ratte war standardmäßig bereits sehr intelligent und wurde nur von wenigen Tieren wie Raben, Affen und Pferden übertroffen. Anja fragte sich, wie intelligent wohl die Einhörner waren, und hoffte für sie, dass es nicht dem Basismodell entsprach.

Für ihre eigene Ratte schob sie den Regler jedoch so weit nach rechts, wie sie konnte. Die Stimme kommentierte diese Entscheidung mit einer Warnung:

»Eine überdurchschnittliche Intelligenz kann zu Begleiterscheinungen wie Eigensinn, Widerwillen und überhöhtem Bedürfnis nach intellektueller Stimulation führen. Es wird ein zusätzliches Kommunikationspaket empfohlen.«

Anja lächelte und bestätigte ihre Auswahl. Sie entschied sich für einen Kommunikationschip, mit dem das Tier lautlos mit ihr sprechen konnte. Für stimmbasierte Kommunikation benötigte die Ratte einen Sprechapparat, und Anja fand, dass die Miniaturratte mit Lippen doch zu abenteuerlich aussah.

Als Anja endlich alle Kategorien abgearbeitet hatte, lehnte sie sich zurück und bewunderte ihr Ergebnis. Sie klickte auf den Button mit der Aufschrift »Bestellung abschicken« und die Stimme sagte:

»Herzlichen Glückwunsch! Ihre Bestellung ist bei uns eingegangen. Sie erhalten in wenigen Wochen eine Bestätigung, wenn Ihr

Haustier erfolgreich gezüchtet wurde. Wir wünschen Ihnen noch einen schönen Tag und hoffen, Sie bald wieder bei uns begrüßen zu dürfen.«

Anja lächelte zufrieden und verließ das Geschäft.

Die nächsten Wochen vergingen langsam und Anja konnte die Lieferung kaum erwarten.

Drei lange Monate dauerte es, bis sie endlich ihren Liefertermin erhielt. Sie hatte sich den Tag freigenommen, was ihr nicht leichtgefallen war, denn ihre Forschungsgruppe stand derzeit unter großem Stress. Sie lieferten sich ein Kopf-an-Kopf-Rennen mit Dr. Merrets Arbeitsgruppe um die Entwicklung eines rein photonischen Quantencomputers. Wenn sie erfolgreich wären – und das wollte sie unbedingt –, bedeutete dies den größten technologischen Durchbruch seit der Entwicklung der Halbleitertechnik.

Die Schwierigkeit lag darin, das Licht an seinem Platz zu halten. Es war ein jahrzehntealtes Problem, und Anja war kurz davor, es zu lösen.

Doch Merret behauptete, genau dies bereits getan zu haben. Er hatte noch nichts veröffentlicht und Anja hoffte, dass es eine Finte war, doch falls er vor ihr publizierte, wäre ihre Forschung – ihre gesamte Karriere – ruiniert.

Sie beantwortete gerade eine Mail, als es an der Tür klingelte. Ohne auch nur den Satz zu beenden, sprang sie auf, eilte zur Tür und drückte den Summer.

Der Lieferant schlurfte langsam die Treppen hoch und sie musste sich beherrschen, ihm nicht entgegenzulaufen. Als er oben angekommen war, wischte er sich den Schweiß von der Stirn.

»Guten Tag. Sind Sie Dr. Anja Tabel?«

»Ja, die bin ich.«

»Ich freue mich, Ihnen Ihr neues Haustier von Patch-a-Pet überreichen zu dürfen. Dies ist Ihre detaillierte Gebrauchs- und Pflegeanweisung für Ihr personalisiertes Haustier.« Er überreichte ihr ein dickes Heft, das Anjas Doktorarbeit hätte Konkurrenz machen können. »Bitte unterschreiben Sie hier. Sie verpflichten sich damit, die Anweisungen zu lesen und nach bestem Gewissen zu befolgen.«

Sie unterschrieb an der markierten Stelle und warf das Heft mit der anderen Hand auf den Sessel hinter sich.

Er runzelte kurz die Stirn, sprach aber weiter. »Ich darf Ihnen nun Ihr neues Haustier überreichen. Es wurde für einen möglichst stressfreien Transport mit einem leichten Schlafmittel behandelt. Lassen Sie es in Ruhe aufwachen und sich an seine neue Umgebung gewöhnen.«

Sie nahm die kleine grüne Schachtel entgegen, murmelte dem Lieferanten im Umdrehen eine Verabschiedung zu und warf die Tür ins Schloss.

Im Wohnzimmer stellte sie die Schachtel behutsam auf den Tisch und öffnete sie langsam. Auf einem kleinen Bett aus Watte ruhte eine zusammengerollte Ratte mit glänzendem, schwarz-weißem Fell.

Anja fuhr ihr vorsichtig mit dem Finger über den Rücken. Die Ratte zuckte ein wenig und bewegte träge den Schwanz. Sie machte den Versuch, den Kopf zu heben, und blinzelte. Im nächsten Moment wurde ihr Fell so weiß wie die Watte unter ihr.

Anja verbrachte die nächsten Stunden damit, das Handbuch zu überfliegen und die Ratte zu beobachten, wie sie ihr neues Heim erkundete.

Wie vom Handbuch empfohlen schaltete sie den Kommunikationschip erst nach vier Stunden ein. Sie räusperte sich und wollte erst »Test, Test« sagen, entschied sich aber doch für:

»Hallo, ich bin Anja.«

Die Ratte hielt inne und sah sie an. Für ein paar Sekunden geschah nichts. Dann hörte sie eine hohe, doch eindeutig männliche Stimme in ihrem Kopf.

›Hallo Anja.‹

Sie lächelte aufgeregt, überlegte kurz und fragte: »Hast du auch einen Namen?«

Er krabbelte etwas näher. ›Im Labor nannte man mich RC6845, aber das ist nicht sehr einprägsam. Hast du einen besseren Vorschlag?‹

Sie überlegte kurz. »Hm, wie gefällt dir Blitz?«

›Blitz? Kennst du jemanden, der Blitz heißt?‹

»Nein«, gab sie zu. »Wie wäre es mit … Felix?«

›Felix.‹ Er dachte kurz nach. ›Nein, das klingt nicht nach mir.‹

Anja sah sich im Raum um. Ihr Blick fiel auf ihr altes Atomphysik-Lehrbuch. »Was hältst du von Oppenheimer?«

Er wiederholte den Namen ein paar Mal. ›Oppenheimer. Das klingt gut. Kennst du einen Oppenheimer?‹

»Nicht persönlich. Er war ein theoretischer Physiker und hat vor etwa 200 Jahren gelebt. Er hat bedeutende Beiträge zur Quantenmechanik und Atomphysik geleistet.«

Er nickte. ›Klingt, als wäre Oppenheimer ein kluger Mann gewesen. Das gefällt mir.‹

Anja und Oppenheimer unterhielten sich noch eine Weile und sie erzählte ihm von Atomen und Quanten. Sie war erstaunt, wie schnell er zu verstehen schien.

Ab diesem Tag verbrachte Anja jede Minute mit Oppenheimer und trug ihn auf ihrer Schulter mit sich herum. Besonders gern kam er mit ins Labor und immer, wenn sie ihm ihre Forschung erklärte, war er neugierig und stellte viele Fragen. Auch Anja gefiel dies, denn sie bemerkte schnell, dass ihr das beim Nachdenken half. Seitdem Oppenheimer da war, sprudelte sie nur so vor neuen Ideen.

Wenn Anja beschäftigt war, saß Oppenheimer auf ihrer Schulter und beobachtete sie beim Arbeiten. Eines Nachmittags korrigierte sie den Entwurf ihres Doktoranden Thomas für einen neuen Artikel, und Oppenheimer las eine Weile ruhig mit. Irgendwann begann er mit den Krallen zu trippeln, doch sie nahm es kaum wahr.

Kurz darauf räusperte er sich leise und fragte: ›*Du, Anja, glaubst du, ich kann eines Tages auch mit auf deinen Veröffentlichungen stehen?*‹

Anja lachte laut auf. »Du? Oppenheimer, du bist mein Haustier, ich kann dich doch nicht in die Autorenliste aufnehmen.«

›*Warum nicht? Ich helfe dir bei deiner Forschung, und zwar mehr als die meisten deiner Mitarbeiter. Ich kann zwar kein Experiment durchführen, aber du machst das ja auch nicht gerade häufig.*‹

Anja grinste immer noch, schrieb allerdings schon wieder eine Anmerkung in das Dokument. »Ja, aber das ist doch was völlig anderes. Mir gehört diese Arbeitsgruppe. Und ich bin ein Mensch. Eine Ratte kann nicht in der Autorenliste stehen.«

Oppenheimer antwortete nicht und legte seinen Kopf auf den Pfoten ab. Und auch Anja sagte nichts mehr, denn sie war schon wieder in ihre Arbeit vertieft.

Ein paar Tage später saßen Anja und Oppenheimer gemeinsam am Küchentisch und spielten Schach. Natürlich konnte er sie nur selten schlagen, und auch nur wenn sie unkonzentriert war, aber sie war beeindruckt, wie gut er in der kurzen Zeit geworden war.

Oppenheimer hatte gerade mit seiner Schnauze den Turm nach vorn geschoben, als Anja sagte: »Oppenheimer, ich habe eine Frage an dich.«

Er lief zurück zu seinem kleinen Kissen und schaute sie an. ›Was denn, Anja?‹

Sie starrte auf ihre Hände. »Du erinnerst dich an Dr. Merret?«

›Ja, natürlich. Du redest doch ständig von ihm. Gibt es etwa Neuigkeiten?‹

»Nur die üblichen Gerüchte. Dass er seine Maschine bereits zum Laufen gebracht hätte und sich nur mit der Veröffentlichung Zeit ließe, um es spannend zu machen. Das treibt mich noch in den Wahnsinn. Ich wüsste nicht, wie er das angestellt haben sollte. Es kann einfach nicht wahr sein.«

Sie krallte die Hand in ihre Haare, holte tief Luft und schaute Oppenheimer wieder an. »Ich hatte neulich eine Idee, wie ich das Problem vielleicht lösen könnte. Aber dafür brauche ich deine Hilfe.«

Er richtete sich aufgeregt auf. ›Was kann ich tun?‹

»Ich möchte, dass du ins Labor von Dr. Merret schleichst und rausfindest, was an den Gerüchten dran ist. Und falls sie stimmen, möchte ich, dass du rausfindest, wie er es hinbekommen hat.«

Oppenheimer ließ den Schwanz hängen und musterte sie lange. ›Das war also dein Plan? Wolltest du einen gefügigen Handlanger, der sich für dich ins Labor schleicht? Kann ich deshalb meine Fellfarbe ändern?‹

Anja wurde rot. »Ich gebe zu, das war vielleicht die ursprüngliche Idee. Aber du bist so viel mehr, als ich erhofft hatte! Trotzdem musst du zugeben, du bist perfekt für den Job. Du kannst dich nicht nur gut tarnen, du bist auch noch klug. Du könntest in kürzester Zeit durchschauen, was sie da im Labor treiben.«

›Hast du keine moralischen Bedenken? Die Forschung von Merret einfach zu stehlen?‹

»Er ist bereits ein etablierter Wissenschaftler, er hat nichts zu verlieren. Ich stehe noch am Anfang meiner Karriere, dieser Durchbruch könnte mir den notwendigen Schub geben, den ich brauche, um fest am Institut angestellt zu werden!«

Oppenheimer zögerte. ›Na gut. Lass es allerdings nicht zur Gewohnheit werden, von mir zu verlangen, mich wie eine gewöhnliche Ratte zu verhalten.‹

Anja strahlte. Sie nahm Oppenheimer und drückte ihn an ihre Wange.

»Danke! Ich werde es wiedergutmachen. Das müssen wir feiern. Was hättest du gern? Kekse? Oder Eiscreme?«

Oppenheimer quiekte. ›Hol den Rum.‹

Anja lag abends im Bett und dachte über den Tag nach. Sie war erleichtert, dass Oppenheimer mit dem Plan einverstanden war, und aufgeregt, was er wohl herausfinden würde. Nun würde alles besser werden, da war sie sich sicher. Sie sah ihre Forschung bereits auf dem Titelblatt von *Science*. Trotzdem nagte in ihrer Brust auch ein schlechtes Gewissen. Es tat ihr leid, Oppenheimers Gefühle verletzt zu haben. Vor allem, da er recht gehabt hatte – das war von Anfang an ihre Absicht gewesen.

In dieser Nacht, wie auch in vielen darauffolgenden Nächten, schlief Anja schlecht. Sie wälzte sich stundenlang umher, und sobald sie endlich eingeschlafen war, quälten sie wirre Träume. Sie träumte von Forschungsdaten und Graphen, doch verstand nicht, was sie sah. Dazu mischte sich das Gefühl, gefangen zu sein wie in einem Labyrinth, und wie sehr sie es auch versuchte, sie fand keinen Ausweg.

Am folgenden Montagmorgen waren Anja und Oppenheimer auf dem Weg zu Dr. Merrets Labor. Ihr Plan war, dass sich Oppenheimer ins Gebäude schlich, während der Gruppe Stickstoff geliefert wurde. Dabei stand die Tür immer sperrangelweit offen und er sollte keine Probleme haben, ins Labor zu gelangen.

Anja und Oppenheimer saßen im geparkten Auto und beobachteten, wie zwei Mitarbeiter das Tor öffneten.

»Bitte sei vorsichtig«, ermahnte sie ihn. »Wenn irgendetwas schiefzugehen droht, verschwinde und vergiss die Forschung. Aber solang du dich wie eine normale Ratte verhältst, sollte nichts Schlimmeres passieren, als dass man versucht, dich zu verscheuchen.«

›*Hast du schon einmal versucht, dich wie eine normale Ratte zu verhalten?*‹, fragte Oppenheimer schnippisch. Doch bevor sie antworten konnte, sagte er: ›*Keine Sorge, in deinem Labor weiß ja auch niemand, dass ich intelligenter bin als sämtliche Doktoranden.*‹

Anja zögerte kurz und drückte Oppenheimer zum Abschied. »Ich hol dich heute Abend um acht wieder ab. Lass dich nicht erwischen.«

Um halb acht parkte Anja ihren Wagen und starrte auf das Tor zum Labor. Sie schaltete das Radio ein und trommelte unrhythmisch mit ihren Fingern auf dem Lenkrad.

›*Wie gut, dass du keine Musikerin geworden bist, du bist ja völlig aus dem Takt*‹, hörte sie Oppenheimer plötzlich in ihrem Kopf sagen.

Anja zuckte zusammen und schaute sich um. »Wo bist du?«

Sie sah im Augenwinkel eine Veränderung am Seitenspiegel und erkannte, dass Oppenheimer darauf saß, als sein Fell wieder seine auffällig schwarz-weiße Farbe annahm. Sie ließ das Seitenfenster herunter und holte ihn herein.

»Ich freu mich so, dich zu sehen! Wie geht es dir?«

›*Gut, aber ich bin am Verhungern. In einem Labor liegt sehr wenig Essbares herum.*‹

Anja grinste und öffnete die Tüte auf dem Beifahrersitz. »Sind Pommes und Früchtebrot genehm?«

Oppenheimer quiekte vergnügt und sprang in die Tüte. Nachdem er seinen größten Hunger gestillt hatte, erklärte er mit vollem Mund, dass die Gerüchte stimmten und Merret tatsächlich einen Quantencomputer aus Licht gebaut habe. Anja fluchte und ihre Gedanken rasten. Vielleicht konnte sie ihn noch ausstechen, wenn sie seinen Trick erführe. Wenn ihrem eigenen Experiment nur ein kleines Detail fehlte, wäre es noch möglich aufzuholen.

»Hast du auch rausgefunden, wie er das geschafft hat?«, fragte sie hoffnungsvoll.

Oppenheimer schüttelte den Kopf.

›*Sobald ein Experiment einmal läuft, steht man selten im Raum und sagt: Hey, ist es nicht cool, dass wir auf diesen Trick mit der Lichtfalle gekommen sind? Ich brauche mehr Zeit.*‹

Der letzte Rest von Anjas Lächeln versiegte. Sie hatte vermutlich zu viel erwartet.

Von diesem Tag an setzte sie Oppenheimer jeden Morgen am Labor ab. Zwar berichtete er täglich, er würde Fortschritte machen, nur brauchbare Details lieferte er nie. Anja wollte ihn nicht hetzen, aber ihr lief die Zeit davon. Noch dazu fehlte ihr Oppenheimer. Sie hatte das Gefühl, dass sie ohne ihn nicht mehr richtig denken konnte. Und nachts, wenn sie nicht mehr denken wollte, hörte ihr Kopf nicht auf zu arbeiten und sie wälzte sich endlos umher. Und wenn sie dann endlich eingeschlafen war, quälten sie ihre Träume. Von Nacht zu Nacht erschienen sie ihr realistischer und bedrohlicher.

Einmal war es besonders schlimm. Sie fühlte sich hilflos und dumm, verstand nicht, was um sie herum passierte. Wenn sie versuchte wegzurennen, kam sie nicht vom Fleck, als wäre sie in einem Hamsterrad gefangen. Plötzlich tapste sie daneben, überschlug sich und schrak hoch. Ihr Atem ging heftig und sie versuchte sich zu orientieren. Sie erkannte langsam die dunklen Umrisse ihres Schlafzimmers und meinte, im Augenwinkel etwas Schwarz-Weißes aufblitzen zu sehen.

Sie krächzte: »Oppenheimer, bist du das? Was machst du hier? Warum bist du nicht im Wohnzimmer?«

Sie rieb sich die Augen, doch ihr Nachttisch war leer.

Am nächsten Morgen redete sie wieder einmal mit Oppenheimer über ihre Träume.

›*Du stresst dich zu sehr. Ich wünschte, ich würde schneller an Merrets Ergebnisse kommen, aber das Labor ist sehr ordentlich und hat wenige Lüftungsschächte oder Abdeckungen, hinter denen ich mich verstecken kann. Denk an dein Labor. Da hätte ich auch Probleme, unbemerkt ein und aus zu gehen.*‹

Anja nickte. Er hatte recht. Sie war überzeugt, dass sie es merken würde, wenn sie Ungeziefer im Labor hätte. In diesem Moment zuckte Oppenheimer mit dem Schwanz. Anja glaubte, er wollte ihr damit signalisieren, dass er noch immer auf eine Antwort wartete.

»Du hast recht. Ich bin dir dankbar und ich weiß, dass du dein Bestes versuchst. Ich befürchte nur, es könnte bald zu spät sein.«

Anja war von Tag zu Tag erschöpfter und musste auch an jenem Morgen all ihre Kräfte zusammennehmen, um ins Labor zu gehen. Den ganzen Tag hing sie an ihrem Schreibtisch und fühlte sich elend. Sie beschloss länger dort zu bleiben, um etwas Arbeit nachzuholen, schließlich konnte sie ohnehin nicht schlafen. Es war bereits spät und völlig still im Labor, als sie über einem Artikel am Schreibtisch einschlief.

Wieder begannen ihre Träume. Sie war gescheitert, lebte auf der Straße zwischen Mülltonnen und kratzte sich ihr Essen aus dem Abfall. Mit beiden Händen schob sie es sich in den Mund und schmeckte den fauligen Geschmack von verdorbenem Obst. Ekel durchfuhr jede Faser ihres Körpers. Sie sah sich um und rannte in Richtung der Straße, um herauszufinden, wo sie war. Doch kaum hatte sie ihre Ecke verlassen, kam jemand aus einem Hauseingang getreten, schrie unverständlich auf sie ein und schlug mit dem Besen nach ihr, um sie zu verscheuchen. Als er sie traf, wachte sie schweißgebadet auf.

Ihr Büro war mittlerweile stockdunkel. Sie wischte sich den Speichel von der Wange und hob ihre Arme, um sich zu strecken und den steifen Nacken zu massieren, als sie ein Zischen hörte.

Erschrocken schaute sie sich um. Sie war völlig allein und die Tür war verschlossen. Vermutlich waren es die Rohre, dachte sie. Doch wenige Sekunden später hörte sie erneut ein Zischen, das lauter wurde, und die Laute verschmolzen zu einem Wort.

›*Versaaager.*‹

Ihr Herz klopfte schwer. »Ist da jemand?«, fragte sie laut.

Keine Antwort. Sie stand auf, öffnete die Tür und lauschte, doch es war völlig still. Schließlich schloss sie die Tür hinter sich und setzte sich wieder an ihren Schreibtisch.

›*Deine Forschung wird es nie zu etwas bringen.*‹

Ihr wurde schwummrig, und kalter Schweiß trat auf ihre Stirn. Ihre Finger krallten sich in ihre Armlehnen.

›*DU wirst es nie zu etwas bringen!*‹

Anja sprang auf und sah sich um. Dann dämmerte es ihr und sie lächelte über ihre Dummheit. Es musste ihr Kommunikationsmodul sein. Manchmal verband sich das Mistding mit irgendwelchen Streusignalen. Sie klickte auf ihrer Uhr herum und stellte beunruhigt fest, dass es mit nichts verbunden war. Zur Sicherheit löschte sie alle gespeicherten Verbindungen und lehnte sich zurück. Sie atmete tief durch und trank einen Schluck Wasser. Dabei stieß sie mit der Hand gegen die Computermaus, und der Bildschirm erwachte mit einer schmerzhaften Helligkeit zum Leben. Anja fluchte und brauchte einen Moment, um wieder sehen zu können. Zuerst bemerkte sie die Uhrzeit – es war bereits nach Mitternacht – und dann fiel ihr Blick auf ihr E-Mail-Programm. Es zeigte eine ungelesene Nachricht. Als sie den Namen des Absenders las, begannen ihre Hände zu zittern. Mit einer rieb sie sich die Augen und klickte mit der anderen auf die Mail.

»Liebe Kolleginnen und Kollegen, ich freue mich, Ihnen endlich meine neue Publikation präsentieren zu dürfen. Ich bin mir sicher, dass sie das Feld deutlich voranbringen wird! Viele Grüße, K. Merret.«

Anja wurde schwindlig. Sie öffnete den Anhang und starrte auf den Artikel. Ihre eigene Forschung, ihre Karriere, ihre Zukunft – dahin. Ein Rauschen schwoll in ihren Ohren an, erst leise, dann fast schmerzhaft. Gleichzeitig flog ihr Blick über die Autorenliste. Sie kannte alle Mitarbeiter Merrets, aber ein Name war ihr neu. *O. Rattke.* Das Rauschen wurde zum Fiepsen und plötzlich hörte sie eine Stimme.

›*Selbst eine gewöhnliche Ratte ist klüger als du.*‹

Anja begann zu schreien.

Als ein Sanitäter sie auf eine Liege hob, kam Anja zu sich und wurde panisch.

»Was ist hier los? Was macht ihr mit mir?«

»Ganz ruhig, Frau Tabel«, sagte der Sanitäter mit trainiert bedächtiger Stimme. »Sie hatten einen Nervenzusammenbruch. Sie hatten Glück, Ihr Mitarbeiter hier war noch im Labor und hat Sie schreien gehört. Er hat uns sofort angerufen. Beruhigen Sie sich, wir sind für Sie da.«

Anja schaute an ihm vorbei und sah dort ihren Doktoranden Thomas stehen, der besorgt dreinblickte. Dann wandte sie sich wieder dem Sanitäter zu.

»Mir geht es gut, lassen Sie mich runter. Ich bin nur etwas müde, das ist alles.«

»Ihr Kollege hat Sie schreien hören und Sie dann am Boden liegend gefunden.«

»Ich hab mich nur erschrocken, weil ich diese Stimme gehört …«

Sie verstummte, als sie bemerkte, wie dumm es war, dem Sanitäter davon zu erzählen, doch zu spät.

»Stimme? Was für eine Stimme war das? Hören Sie diese Stimme auch jetzt?«

»Nein, das ist doch Unsinn, ich habe ...«

Anja hielt inne. Plötzlich dämmerte es ihr und sie brüllte: »Es muss Oppenheimer gewesen sein! Diese Mistratte muss mein Kommunikationsmodul gehackt haben! Er hat nachts meine Träume kontrolliert. Er hat mich träumen lassen, ich wäre eine Ratte! Wenn ich dieses Mistvieh erwische!«

»Oppenheimer? Der Erfinder der Atombombe?« Der Sanitäter schaute verwirrt zu Thomas.

Er schüttelte den Kopf. »Nein, ihre Ratte, ihr Haustier. Sie hat es Oppenheimer genannt.«

Der Sanitäter nickte. »Ihr Haustier hat Sie also manipuliert, Frau Tabel?«

»Er ist kein einfaches Haustier, er ist hyperintelligent! Und er arbeitet für Merret!«

»Noch ein Haustier?«, fragte der Sanitäter Thomas.

»Nein, das ist der Leiter einer Gruppe, die an einem ähnlichen Thema forscht wie wir«, erklärte Thomas flüsternd. »Anja hat gerade seine neue Publikation gelesen, als sie zu schreien begann, ich habe sie auf ihrem Bildschirm entdeckt.« Auch Thomas schaute nun etwas missmutig drein. »Diese neue Veröffentlichung könnte schlimm für uns sein. Ich habe sie selbst noch nicht gelesen, aber wir haben schon lange befürchtet, dass sie kommt. Es muss ihr mehr zugesetzt haben, als wir dachten.« Er senkte die Stimme etwas und fügte hinzu: »Sie hat seit einer Weile diese Ratte, die sie überall mit hinschleppt und von der sie denkt, sie sei so unglaublich schlau. Darüber machen wir uns schon seit einer Weile Sorgen …«

»Was ist das für eine Ratte?«, fragte der Sanitäter.

»Sie ist schwarz-weiß und sie hatte sie von Patch-a-Pet.«

Der Sanitäter lachte leise und flüsterte zu Thomas: »Da hab ich während meiner Ausbildung gejobbt. Die reinste Abzocke. Die Hälfte der Eigenschaften, die sie normalen Kunden da andrehen wollen, ist völliger Unsinn. Alles, was über rein optische Modifikationen hinausgeht, ist höchst experimentell und für die Laufkundschaft nicht zugänglich. Nachweisen kann ihnen das aber keiner, schließlich könne es an ›schlechter Erziehung‹ liegen. Es ist zwar schon eine Weile her, aber ich denke, dieses Tier ist so sicher hochintelligent, wie ich eine Prinzessin bin.«

Der Sanitäter setzte wieder ein ernstes Gesicht auf und wandte sich Anja zu. »Machen Sie sich keine Sorgen, Ihre Ratte wird Ihnen nicht mehr schaden. Wir kümmern uns um Sie.«

Anja fluchte laut, während der Sanitäter sie in den Krankenwagen brachte, doch sie merkte, dass es zwecklos war. Sie fiel erschöpft auf die Trage. Wenigstens könnte sie mit dem Beruhigungsmittel endlich einmal in Ruhe schlafen, dachte sie.

Der Sanitäter sprach mit ihr, aber sie hörte nicht zu. Sie war von etwas auf seinem Kopf abgelenkt. Er hatte sehr dichtes, voluminöses Haar, doch eine Partie am Scheitel sah irgendwie anders aus als der Rest. Glatter. Sie fragte den Sanitäter nach einem Glas Wasser, und als er sich umdrehte, um es ihr zu holen, sah sie den Rattenschwanz, der aus seinem Haar heraushing.

# Die Seele des Voodoo

Die Schatten gab es schon immer. Sie kamen seit Anbeginn der Zeit zu den Menschen und füllten diese mit Neid, Eifersucht und Gier. Ihr einziges Ziel war es, zu überleben. Sie fraßen die Seelen der Menschen, die ihnen zum Opfer fielen, und labten sich an ihrer Energie. Sie schlichen unbemerkt durch die Dörfer, an den Häusern vorbei und setzten sich leise in die gutgläubigen Herzen. Dort warteten sie, bis Gier und Neid diese zerfraßen, die Eifersucht sie in den Tod trieb. Die Wesen schienen rastlos, sie begaben sich stets auf die Suche nach neuen Opfern, welche zugänglich für niederträchtige Gefühle waren.

Eines Abends trafen die Schatten etwas außerhalb einer kleinen Stadt auf eine alte Frau. Schon lange lebte diese allein in einem Wohnwagen in den düsteren Sümpfen weitab der Zivilisation. Die Schatten bemerkten schnell die Aura der Alten, denn etwas schien anders als bei den meisten Menschen. Ihre Aura leuchtete schwarz. Diese Frau war durch und durch böse. Das gefiel den Schatten und sie schlichen sich an sie heran. Madame Macana *konnte sie jedoch sehen, sie spürte die Wesen sofort, erkannte diese und sprach direkt zu ihnen: »Was wollt ihr, ihr Schatten des Todes? Ich bin noch nicht bereit zu sterben. Ich will leben, ich will jung und schön sein, also verschwindet.«*

*So kam es zu einem gefährlichen Bündnis, das nie hätte entstehen sollen.*

Lange war alles schwarz. Amelia befand sich eine Ewigkeit im Nichts und nahm nur Dunkelheit um sich herum wahr. Doch endlich war es ihr möglich, die Augen wieder zu öffnen. Ihre Lider fühlten sich schwer an, sie erkannte für eine kurze Zeit nichts außer verschlingender Schwärze. Nur mühsam gewöhnte sie sich an das schummrige Licht.

Amelia sah sich um und stellte fest, dass sie sich in einem Raum befand, an den sie sich nur noch vage erinnerte. Es gab dunkelrote Vorhänge, ein altes Bett, das hinter einem staubigen Tuch versteckt war, und einen kleinen runden Tisch in der Mitte des Zimmers. Eine weiße Kerze stand auf einer hölzernen Kommode in einer Ecke schräg gegenüber von Amelia. Die Flamme flackerte und warf ein weiches Licht auf einige gläserne Behälter. In diesen Phiolen erkannte Amelia verschiedenfarbige rauchartige Schwaden.

Sie überlegte, was dieser Inhalt sein könnte, als sie eine ältere drahtige Gestalt mit dunkeln, glatten Haaren erblickte, die in den Schatten des Kerzenscheins am Tisch saß. Amelia gelang es, im Licht der Flamme ihre Konturen zu erahnen. Irgendwoher kam sie ihr bekannt vor, das Gesicht passte allerdings nicht zu Amelias Erinnerungen. Die sanften, rundlichen Züge, die geschwungenen Lippen und die hellen, wachen Augen. Amelia blickte die Frau fassungslos und zutiefst erschrocken an: Dieses Gesicht war ihr eigenes.

Amelia versuchte ruhig zu atmen und sich an alles, was geschehen war, zu erinnern. Doch es gelang ihr kaum, sich auf etwas anderes als das Antlitz ihr gegenüber zu konzentrieren. Sie erkannte, dass sich zu ihren eigenen Zügen in dem Gesicht auch die einer älteren Person mischten. Amelia bemerkte die Falten um den Mund und bei den Augen, die durch ein Lächeln entstanden.

Die dürre Gestalt erhob sich aus dem Schatten und trat auf Amelia zu. Mit rauer Stimme sagte sie: »Hallo, mein Kind, ich gehe davon aus, dass du dich nicht mehr an alles erinnern kannst.«

Daraufhin zog die Fremde eine kleine runde Kugel aus einem Beutel, den sie in den Händen hielt, und legte diese auf den Tisch. Sie wirbelte mit den Fingern umher und ließ Schatten so tanzen, dass ihre goldenen Armreifen klimperten und sich ihr ganzer Körper bewegte. Sie summte leise einige Worte vor sich hin, bis sie sich wieder an Amelia wandte: »Sieh hinein, ich zeige dir, wie du in diese missliche Lage gekommen bist, damit du weißt, was dich erwarten wird.«

Die Frau mit Amelias Gesicht setzte sich wieder auf den Stuhl, beobachtete sie aufmerksam und kreuzte gespannt ihre Finger, während sich in der Kugel düstere Bilder formten.

Amelia sah voller Sorge in diese hinein und vergaß, was um sie herum geschah, wer sie eigentlich war:

In einem düsteren Raum wandte sich eine Unbekannte ihrer Gesprächspartnerin zu: »Du sollst mir nun, wie besprochen, die zwei Haare deiner Konkurrentin und einen Tropfen deines eigenen Blutes übergeben. Auf dass deine Wünsche erfüllt werden. Du wirst die Gelegenheit erhalten, deine Gegenspielerin auszuschalten und die Rolle deines Lebens zu spielen. Jedoch muss dir bewusst sein, dass mit jedem Zauber, den du mithilfe der Magie des Voodoo wirkst, deine Seele und dein Herz mit einem Teil der Schatten des Todes belegt werden. Beschreitest du diesen Weg einmal, so gibt es kein Zurück. Achte also gut darauf, wie weit du gehen willst. Es liegt allein in deiner Hand.«

Amelia übergab die Haare in ein steinernes rundes Gefäß, daraufhin pikste ihr die Voodoopriesterin mit einer Nadel in den Finger und drückte einen Tropfen von ihrem Blut in die Schale. Die Priesterin öffnete den Bauch einer kleinen Puppe und gab beides hinein. Sie sprach einige Worte in einer Sprache, die Amelia nicht verstand, überreichte ihr die Puppe und verabschiedete sich mit einem Glänzen in den Augen und einem wissenden Lächeln. Amelia, die sich mit ihrer persönlichen Voodoopuppe auf den Rückweg machte, blickte noch einmal zu dem alten Wohnwagen im Sumpfgebiet, nahe ihrer Heimatstadt, zurück. Er war ganz aus Holz, sah alt und etwas heruntergekommen aus. Die Vorhänge an den kleinen Fenstern waren alle zugezogen, die hölzerne Tür über der kleinen Treppe schon wieder verschlossen. Das einzig Einladende an diesem Ort war das Schild über dem Eingang, auf dem in großen, schön geschwungenen Buchstaben stand: ›Madame Macanas Künste‹.

Das nächste Bild in der Kugel zeigte Amelia vor einem großen Spiegel sitzend, wie sie vor sich hin summte. Amelia schien glücklich zu sein. Sie befand sich in ihrer Garderobe im Theater, in der sie sich soeben für die Generalprobe des aktuellen Stückes geschminkt hatte. Vor lauter Vorfreude bemerkte sie die Schatten nicht, die sich an den Wänden entlang auf sie zu schlängelten. Amelia hatte einen Plan. Sie nahm die kleine Voodoopuppe, die sie bei Madame Macana erstanden und angepasst hatte, aus ihrer Tasche und meinte: »Ach, du bist zwar ein hässliches Ding, aber ich glaube fest daran, dass du mir gute Dienste leisten wirst.« Mit einem Funken Hoffnung und dem Glauben an die kleine Puppe erinnerte sich Amelia an ihre Vergangenheit, welche nun durch Madame Macanas Kugel wie ein Film gezeigt wurde:

*Amelia war Tänzerin in einer nicht allzu großen Tanzgruppe, die von Zeit zu Zeit im noblen städtischen Theater auftreten durfte. Bis zu jenem Zeitpunkt hatte sie meist die großen Rollen bekommen und ihr Leben verlief so weit positiv, denn sie war die begabteste Tänzerin unter allen. Amelia hatte früh gelernt, dass sie fleißig sein musste und es sich lohnte, angestrengt zu trainieren, um Ruhm zu ernten.*

*Die junge Frau übte ihre Schritte für die Bühne oft Tag und Nacht, hungerte, um schlank und begehrenswert zu sein, um allen zu gefallen. Dies bemerkte vor allem der Direktor des Theaters, Monsieur Thabo. Er sah Amelia gerne beim Tanzen zu und sie gefiel ihm so gut, dass er sie zu seiner Geliebten nahm. Durch diese Liebschaft ergatterte sie weitere Auftritte in größeren Aufführungen, außerhalb der kleinen Tanzgruppe. Sie war glücklich, verdiente gut und hatte mit Thabo einige schöne Monate. Bis irgendwann eine neue Tänzerin aus einer größeren Stadt kam. Ihr Name war Marie. Sie war begabter und auch schöner als Amelia. Durch ihren einzigartigen Tanzstil fiel Marie Monsieur Thabo immer mehr auf. Nach einiger Zeit hatte er nur noch Augen für Marie, verfiel ihr mit Leib und Seele. Stück für Stück ließ er sie mehr an seinem Leben teilhaben. Marie bekam große Rollen in wichtigen Stücken und verbrachte immer mehr Zeit mit Monsieur Thabo. Nach einigen Wochen offenbarte Thabo Amelia, dass er sich mit Marie verlobte.*

*Die neue Geliebte von Thabo hatte es geschafft, Amelia aus ihrem eigenen Leben zu drängen. Sie war wieder nur die kleine Tänzerin aus der kleinen Familie. Alle ihre Bemühungen waren nichtig, denn sie bekam kaum mehr große Rollen, war oft sogar nur noch ein Ersatz. Der Hass in Amelia war geweckt, so etwas wollte sie nicht mit sich machen lassen. Sie schwor Rache, wollte Marie Schaden zufügen und sie für all den Schmerz, den sie ihr angetan hatte, bezahlen lassen.*

Die Zauberkugel zeigte nun wieder Amelia, wie sie in ihrer Garderobe saß und die Puppe in ihrer Hand betrachtete. Jedes Mal, wenn sie die Geschichte ihres Absturzes in der Gesamtheit wahrhaben musste, stimmte dies Amelia traurig. Sie sehnte sich wieder nach einem glücklichen Leben. Doch wenn sie sich so in ihrem Spiegel ansah, wusste sie, dass dieses nicht mehr so einfach zu ihr zurückkommen würde.

Am Nachmittag sollte die Generalprobe für die Vorstellung dieses Abends stattfinden. Amelia hatte allerdings wieder nur die Rolle der Zweitbesetzung ergattert, falls Marie in der Hauptrolle ausfallen sollte. In ihrer Trauer und Verzweiflung hatte sie sich einen Plan zurechtgelegt, wie sie Marie mithilfe der Voodoopuppe aus dem Weg schaffen konnte.

Als Amelia bei der Generalprobe zusah, wie alle ihren Aufgaben nachgingen und geschäftig hantierten, griff sie angespannt zu ihrer Tasche, in der ihre kleine Puppe lag. Sie hoffte inständig, dass ihr Plan funktionierte. Da trat Marie auf die Bühne, und das Orchester eröffnete das Bühnenwerk. Monsieur Thabo sah seiner Liebsten mit glänzenden Augen beim Tanzen zu. Amelia musste ihre Tränen zurückhalten. Sie sagte sich selbst immer wieder, dass sie etwas Besseres verdient hätte, und langsam wich die Trauer der Wut. Amelia holte die kleine Figur aus der Tasche und sah sie bedächtig an. Leise flüsterte sie ihr zu: »Ich bitte dich inständig, mir die Hauptrolle dieses Stückes zurückzugeben. Ich möchte am Abend auf der Bühne strahlen und aus den Schatten herausstechen.«

Nach diesen Worten schloss Amelia die Augen, hielt den Atem an und knickte das Bein der Puppe zur Seite weg. Sie traute sich kaum, wieder Luft in ihre Lunge zu lassen, als Maries Tanzpartner keine Minute später einen ungeplanten Schritt tat und sie bei einer wundervollen, jedoch herausfordernden Hebefigur den Halt verloren. Sie fiel schreiend von der Bühne, und die Angestellten des Theaters sowie die Tänzer auf dem Podest eilten ihr zu Hilfe.

Amelia ließ die kleine Puppe wieder unauffällig in ihre Tasche gleiten und sah zu der Stelle, an der Marie lag. Ein Arzt wurde gerufen, Marie weinte, die Leute im Theater liefen durcheinander. Es gab einen riesigen Aufruhr im Saal. Als der Arzt schon nach kurzer Zeit eintraf und sich das Bein der Tänzerin genauer ansah, stellte er fest, dass es vom Sturz gebrochen war. Er ließ Marie auf einer Trage abführen, um das Bein zu schienen.

Wie durch ein Wunder hatte der Zauber der Puppe funktioniert. Amelia war überrascht, geschockt und erfreut zugleich, denn ihr war bewusst, dass durch diese Verletzung die Hauptrolle am Abend ihr gehörte. Triumphierend lächelnd begann sie sogleich mit den Vorbereitungen für ihren Auftritt.

Aufgrund des Unfalls gab es eine Pause, die sie nutzte, um zurück in die Garderobe zu gehen, ihre Schritte erneut einzustudieren und die Kleider bereitzulegen. Amelia betrachtete sich im Spiegel und strahlte dabei über das ganze Gesicht. Sie hob die kleine Puppe an ihre Brust und freute sich, als sie zum ersten Mal die Kälte spürte. Zu ihrem Herzen zog ein stechender Schmerz, und Amelia dachte an die Worte von Madame Macana, die sie vor den Schatten gewarnt hatte. Diese würden mit jedem bösen Wunsch, der durch die Voodoopuppe umgesetzt wurde, mehr und mehr Besitz von ihrem Herz und ihrer Seele ergreifen.

Kalte, dunkle Klauen legten sich um Amelias Oberkörper, schienen in sie hineinzugleiten. Die Klauen hatten ihr Inneres fest im Griff, breiteten sich in ihrem Körper aus und erfüllten sie mit einer eisigen Kälte. Die bösen Wesen kamen ihrem Ziel einen Schritt näher. Amelia war ihnen ausgeliefert, ihr Herz war erfüllt von Hass und Neid. In Gedanken lachte Amelia und dachte an Marie und Monsieur Thabo. Sie war voller Missgunst und Eifersucht. Alle Liebe wich aus ihrem Sein, das Einzige, was für sie noch zählte, war die Gier nach Rache.

Am Abend trat Amelia scheinbar selbstsicher auf die Bühne. Sie sah sich im Publikum um und stellte fest, dass unglaublich viele Zuschauer gekommen waren. In einer der vorderen Reihen entdeckte sie ein bekanntes Gesicht, welches ihr entgegenblickte. Die schwarzen Haare zu einer vornehmen Hochsteckfrisur drapiert, die dunkle, edle Kleidung und die stechenden Augen ließen Amelia für einen Augenblick zusammenzucken. Sie ließ sich äußerlich nichts anmerken, denn sie wollte nicht, dass Madame Macana ihren kurzen Anflug von Unsicherheit erkannte.

Etwas weiter vorne saßen Marie und ihr Liebster aneinandergeschmiegt. Marie hatte darauf bestanden, bei der Aufführung dabei zu sein, weshalb sie sich direkt, nachdem sie einen Gips bekam, selbst aus dem Krankenhaus entließ. Monsieur Thabo sprach angeregt mit ihr. Dieses Bild versetzte Amelia einen weiteren Stich in ihr Herz. Doch auch dies ließ sie sich nicht anmerken. Während der gesamten Vorstellung tanzte sie perfekt, machte keinen einzigen Fehler und glänzte auf der Bühne wie ein großer Star. Amelia stach hervor, die Zuschauer schienen nur Augen für sie zu haben. Der Applaus war grandios, die Lobesrufe wollten nicht enden. Nur fühlte sich Amelia trotz allem leer. Die Schatten hatten sich bereits zu tief in ihr Herz gesetzt und brachten sie dazu, ihre Ziele zu verändern. Sie wollte nicht mehr der Star im Theater sein, sie wollte Rache an der Frau nehmen, durch die sie ihren Liebsten verloren hatte.

Amelia war wie besessen. Sie lief noch während des tosenden Applauses in ihre Garderobe und griff, von den Schatten in ihrem Inneren getrieben, nach der Voodoopuppe.

»Ich will, dass diese hinterlistige Schlange Marie spürt, was es heißt, ein Nichts zu sein. Sie soll lernen, dass sie mir weder die Show noch die Liebe stehlen kann. Sie muss sterben, damit ich meine Rache bekomme und befreit sein werde«, sprach Amelia. In der nächsten Sekunde riss sie der Puppe den Kopf von den Schultern.

Im Saal gab es einen schlagartigen Stimmungswechsel. Monsieur Thabo schrie mit Leibeskräften um Hilfe, er legte seine Liebste, die keine Luft mehr bekam, auf den Boden und versuchte, sie zu beatmen. Maries Lebenszeichen wurden immer schwächer, bis sie in den Armen ihres Mannes erstickte.

Die Zuschauer standen von ihren Plätzen auf, wollten zu Hilfe eilen oder stürmten hektisch aus dem Raum. Das Sicherheitspersonal versuchte das Durcheinander zu ordnen und wies den Menschen den Weg über den Haupteingang nach draußen.

In ihrer Garderobe hingegen beobachtete Amelia mit Schrecken, wie die Schattenklauen aus allen Ecken des Raumes auf sie zuflogen. Noch immer hielt sie den Kopf sowie den Körper ihrer Voodoopuppe in den Händen. Eine kalte Angst packte Amelia, als sie die Schatten anstarrte. So schnell sie konnte, rannte sie vor dem beängstigenden Schauspiel davon, erreichte die Treppen des Hinterausgangs und eilte in die kalte Nacht. Sie hatte Angst, von den Schatten verschlungen zu werden, drehte sich in ihrer Panik um und sah die wabernden Wesen immer näher kommen.

Als sie eilig davonlief, knallte sie mit einer in einen Umhang gehüllten Person zusammen. In just diesem Moment erreichten sie die Wesen, um ihr den Tod zu schenken. Sie drangen in sie ein, und dieses Mal bestraften sie Amelia für ihren teuren Wunsch. Die Schatten legten sich so fest über Amelias Herz, dass es aufhörte zu schlagen. Sie fiel um und blickte während ihres Sturzes in das Antlitz der Frau im Umhang.

Amelia war tot.

Ihr Wunsch, den Tod zu bringen, richtete sich am Ende gegen sie selbst. Die Schatten hatten sie zerfressen.

Madame Macana stand über ihr und lächelte. Sie dankte den Schatten, dass sie ihr wieder einmal eine neue Voodooseele besorgt hatten, und öffnete eine kleine Phiole. Ihre freie Hand drehte sie in der Luft und brachte die Wesen so dazu, die Seele von Amelia in das Gefäß zu treiben. Dieses verschloss sie gekonnt und dennoch vorsichtig.

Madame Macana ließ das Glas mit den bläulich schimmernden Schwaden in eine Tasche ihres Umhangs gleiten. Danach griff sie zu Amelias toter Hand, in der sich noch immer der Körper der kleinen Puppe befand. Die Priesterin nahm auch den Kopf der Puppe an sich und sprach: »Hallo, liebe Lisha. Schön, dich wieder bei mir zu haben. Wie ich sehe, hast du deine Arbeit zu meiner vollsten Zufriedenheit erledigt. Deine kleine, geschundene Seele hat den Preis der Zauber, die du von mir bekommen hast, bezahlt. Du sollst bald deinen Lohn erhalten.« So nahm die Priesterin den Puppenkörper mit sich in das Sumpfgebiet.

Als sie bei ihrem alten, klapprigen Wohnwagen ankam, entzündete sie ein Feuer. Mit weißer Kreide zeichnete sie magische Symbole auf die Steine um die Feuerstelle und stimmte ein Lied an. Die Klänge schwangen mit dem Wind hinfort und lockten die Schatten herbei. Madame Macana machte sich daran, ihren Teil des Bündnisses erneut zu erfüllen.

Sie warf die geköpfte Puppe in die züngelnden Flammen des Feuers. Mit dieser Geste übergab sie eine geschundene Seele an die Schatten und löste den Bann dieses Zaubers damit auf. Sie ließ die Wesen noch einen Moment tanzen, löschte dann das Feuer und wischte die Zeichen wieder von den Steinen. Nachdem sie das Ritual beendet hatte, trat sie in ihren Wohnwagen.

Madame Macana nahm die kleine Phiole mit Amelias Seele in ihre Hand, hielt sie in den Schein der weißen Kerze, ließ einen kleinen Teil des Inhaltes auf ein Häufchen aus Stroh und Stoff fließen und begann zu nähen.

Als sie ihre Arbeit beendete, legte sie die Nadel und den Faden zur Seite und schaute zufrieden auf ihr Werk, bevor sie den restlichen

Inhalt der Phiole auf sich selbst rieseln ließ. Madame Macana spürte die Veränderung sofort und ließ ein boshaftes, trockenes Lachen ihre Kehle hinaufwandern.

Die Schatten hielten auch ihren Teil der Abmachung von vor vielen Jahren ein, welche besagte, dass Madame Macana ein junges Herz und ein jugendliches Äußeres erlangte, sobald sie den Schatten eine neue Seele besorgte. So gelangte sie mit jeder Voodoopuppe, deren Geist sie frei gab, an ein unschuldiges Gesicht, einen straffen Körper und ein starkes Herz. Ihre eigenen Züge verschwanden jedoch nie zur Gänze und je länger sie den Schatten keine Seele lieferte, umso mehr erkannte man, dass Madame Macana wieder älter und schwächer wurde. Im Gegenzug sorgte Madame Macana dafür, dass die Schatten nie sterben würden. Sie versorgte sie immer wieder mit neuen Opfern, die zerfressen von Neid, Gier und Eifersucht nicht mehr weiterleben wollten.

Als Amelia ihren Blick von Madame Macanas Kugel löste, war sie verwirrt. Sie konnte sich weder bewegen noch umsehen. Erst nach einigen Sekunden erkannte sie, wo sie sich befand. Sie sah verzweifelt an sich hinunter, wusste in diesem Moment bereits, dass sie nicht mehr in ihrem eigenen Körper weilte. Sie erblickte den leblosen Leib einer Puppe aus Stoff und Stroh, in dessen Mitte eine kleine Stecknadel mit einem schwarzen Kopf steckte.

Amelia sah Madame Macana direkt in die Augen und sie wusste, sie hatte alles verloren.

Die Schatten würden sie verschlingen, sobald die nächste Seele in die Voodoopuppe gesperrt werden würde …

# Ferne Ufer

# Ferne Ufer

Immer wieder schlugen die Wellen über ihrem Kopf zusammen, drückten sie tief hinein in den Abgrund der See. Sie schluckte Wasser. Ihre Kehle und die Augen brannten. Wenn sie die Lider öffnete, sah sie nur den Vollmond. Die schwarzen Wellen glänzten in seinem Schein. Weiterhin kein Land in Sicht.

Ihr Atem stockte. Sie versuchte zu schreien, aber ihr Hals war wie zugeschnürt. Und selbst wenn sie einen Ton hätte herausbringen können – das Brausen des Sturms hätte ihn übertönt. Die Wellen wiegten sie wie ein Laubblatt hin und her. Abermals ging sie unter, kämpfte sich erneut an die Wasseroberfläche zurück.

Erschöpft ließ sie sich treiben. Ihre Muskeln versagten. Es war zwecklos. Jede Bewegung kostete sie Energie, die sie nicht mehr hatte. Das Salz stach in ihren Augen, die Kälte auf ihrer Haut. Sie konnte keinen klaren Gedanken mehr fassen.

Beim nächsten Blinzeln sah sie am Horizont ein Licht. Erst meinte sie, es käme nur von den Wellen, die das Mondlicht reflektierten. Jedoch war es nicht silbern. Ihre Sicht verschwamm, trotzdem blieb der goldene Schein wie ein Götterfunken.

Hoffnung stieg in ihr auf und mobilisierte ihre Kräfte. Sie musste es nur bis dorthin schaffen, dann war sie gerettet. Vor der klirrenden Kälte, den meterhohen Wellen, dem Tod. Sie strampelte mit den Beinen und stieß gegen etwas Festes. Etwa ein Riff?

Ihr Atem ging hastig, dennoch bekam sie keine Luft. Neues Wasser drang in ihren Mund. Der feste Untergrund war verschwunden. Doch sie spürte, wie sie etwas am Bein streifte. Ein Druck, gefolgt von einem Sog. Sie wurde hinabgerissen in die Tiefe. Beim Ausatmen hörte sie das Pochen des Wasserdrucks in den Ohren. Mit letzter Anstrengung schlug sie um sich und stieg auf wie die Wasserblasen um sie her.

Als sie die Oberfläche durchdrang, hörte sie gedämpft das Toben der See und ein Wiehern. Ein Pferdewiehern? Sie riss die Augen auf. Eine eisige Welle traf sie. Schmerz stach wie Tausende Nadelstiche in ihr Gesicht. Sie wimmerte und verlor das Bewusstsein.

Die Sonne brannte auf ihrer Haut. Durch ihre geschlossenen Lider strahlte ein orangefarbener Schein. Das gleichmäßige Rauschen von Wellen drang an ihr Ohr. Sie öffnete die Augen und blinzelte benommen. Blauer Himmel. Keine einzige Wolke. Das musste das Paradies sein.

Sie stemmte die Ellenbogen in den Boden, der unter ihrem Gewicht nachgab. Ungläubig ließ sie den Kopf zur Seite sinken. Der warme Sand scheuerte an ihrer Wange. Ein Lachen entwand sich ihrer Kehle. Sie hatte es ans Ufer geschafft. Nach wenigen Atemzügen wurde das Lachen zu einem trockenen Husten. Ihr Rachen fühlte sich an wie Schmirgelpapier. Und doch war die Freude grenzenlos.

»Du lebst«, hörte sie eine Männerstimme nur wenige Meter von sich entfernt sagen.

Der Schreck ließ Adrenalin durch ihre Adern schießen. Schwerfällig rollte sie sich auf den Bauch und hob den Blick. Sofort hämmerte Schmerz in ihren Schläfen, ähnlich dem Wummern von Helikopterrotoren. Erschöpfung überfiel sie. Ihre Arme gaben nach und sie prallte mit dem Gesicht auf den Boden. Der Sand drang ihr in Mund und Nase, knirschte zwischen den Zähnen. Sie spürte die Hand des Mannes an ihrer Schulter.

»Du musst hier weg«, flüsterte er nahe an ihrem Ohr.

Einem Marionettenspieler gleich zog er sie hoch und legte ihren Arm um seinen Hals. Ihr Kopf hing schlaff hinunter. Schwindel überkam sie. Der Mann führte sie den Strand entlang in Richtung der Felsen. Sie wollte fragen, wo sie hingingen, musste aber sofort wieder husten und würgen. Wasser stieg ihre Kehle hinauf und ergoss sich auf ihre nackten Knie. Der Sand rieb über ihre Zunge und mischte sich mit dem Meersalz.

»Wir sind gleich da.«

Sie nickte. Blitzschlagartig fuhr der Schmerz durch ihren Kopf bis hinab zur Brust. Blind ließ sie sich führen. Wenn sie blinzelte, spürte sie die Sandkörner unter ihren Lidern auf der Hornhaut kratzen. Sie wollte sich die Augen reiben, doch ihr linker Arm fühlte sich an wie ein gusseiserner Anker. Erst als sie festen Boden unter den Füßen spürte, öffnete sie die brennenden Lider.

»Mein Haus«, sagte der Mann.

Sie betraten eine Veranda. Der Fremde ließ sie auf einem wackligen Baststuhl zurück, in dem sie wie ein nasser Sack einsank. Dann verschwand er im Haus. Ihr mittlerweile getrocknetes Kleid fühlte sich steif an. Sie ließ den Blick schweifen, wagte aber nicht, den Kopf zu bewegen.

Neben ihr standen ein Holztisch und ein weiterer Stuhl mit großer Lehne. Der Mann hatte eine braune Ledermappe auf der Tischplatte zurückgelassen. Am liebsten hätte sie danach gegriffen, doch sie war so unglaublich müde. Die weißen Hauswände blendeten sie durch die Reflexion des Sonnenlichts. Die Kopfschmerzen wurden unerträglich und sie legte eine Hand an ihre Stirn.

Als sie die Lider wieder öffnete, schaute sie auf ein Glas mit Orangensaft. Das Wasser lief ihr im Mund zusammen, glich einer Sturzflut in der Wüste. Zuerst erwartete sie, sich wieder zu übergeben, es war jedoch nur ihr Hunger. Und der Durst …

Sie wollte das Glas sofort ergreifen, aber ihr tonnenschwerer Arm hob sich nur in Zeitlupe, als müsste sie ihr eigenes Körpergewicht stemmen. Sie sah in die kristallblaue Iris des Fremden – sie funkelte wie das Meer vor der irischen Küste. Er musterte sie unverhohlen, während er das Glas zu ihrer Hand führte. Der Mann nickte. Sein Mund lachte, aber seine Augen weinten.

Zu zweit hoben sie das Glas an ihre spröden Lippen. Sie trank hastig. Die Fruchtsäure verätzte förmlich ihre Speiseröhre. Prompt verschluckte sie sich und hustete. Fruchtfleisch verteilte sich auf dem grauen Hemd des Fremden und dem Dielenboden. Verzweifelt sah sie ihn an.

»Ich hab leider kein Wasser«, behauptete er.

Sie runzelte die Stirn. Nur mit Mühe gelang es ihr, den zähflüssigen Saft hinunterzuschlucken. Trotzdem würgte sie den gesamten Inhalt hinunter. Der Mann beobachtete sie wachsam. Schließlich stellte er das Glas auf dem Tisch ab.

»Du solltest schlafen.« Er legte eine Hand um ihre Taille und hob sie hoch. »Ich bringe dich ins Bett.«

»Geh wieder runter!«, schrie ihr Vater, als Nadine das Bootsdeck betrat.

Seine Stimme ging im Brausen des Windes beinahe unter. Sie waren aus unerfindlichen Gründen leckgeschlagen. Noch während ihr Vater versucht hatte, das Problem zu lösen, war der Sturm aufgezogen. Nadine hatte nicht länger tatenlos unter Deck sitzen bleiben wollen.

»Aber ich kann …«

»Runter, hab ich gesagt! Und nimm die!«

Er hielt ihr eine grellgelbe Schwimmweste entgegen. Nadine wollte danach greifen, rutschte jedoch auf dem glatten Holzboden der Segeljacht aus. Das Boot schwankte hin und her. Als ihr Vater nach ihrem Arm fassen wollte, stolperte er und schleuderte gegen die Reling aus Edelstahl. Er ächzte und stemmte sich dagegen.

Seine weit aufgerissenen Augen taxierten irgendetwas am Horizont. Nadine folgte seinem Blick, sah aber nichts außer tobenden Wellen und den schwarzen Gewitterwolken, die sich am Horizont trafen. Allein die Lampen auf der Jacht spendeten ein wenig Licht.

Ihr Vater stammelte etwas, doch der Sturm übertönte seine Worte. Nadine hievte sich am kalten Stahl hoch und ergriff seinen Arm. Er war starr wie eine Marmorstatue.

»Wir müssen rein«, rief sie gegen das Brausen an. »Ich zieh auch die Weste an. Okay?«

Nadine griff nach der feuchten Rettungsweste und streifte sie über. Ihre Finger zitterten vor Kälte. Sie brauchte mehrere Anläufe, um den schwarzen Gurt zu schließen. Flehend schaute sie ihren Vater an, der sich die letzten Sekunden über nicht bewegt hatte. Nadine zerrte an seinem Arm. Aber er klammerte sich an der Reling fest. Endlose Sekunden vergingen, in denen sie nervös zwischen ihm und dem Niedergang zur Koje hin und her sah. Endlich bewegte sich ein Bein ihres Vaters. Doch es machte nicht etwa eine Bewegung in Richtung Unterdeck, sondern stieg auf die erste Strebe der Reling.

»Papa?«, fragte Nadine verwirrt.

Ohne den Blick vom Horizont abzuwenden, kletterte er hinauf. Sie rüttelte ihn, versuchte in sein Sichtfeld zu gelangen. Gischt peitschte ihr ins Gesicht.

»Ich komme«, sagte ihr Vater kaum hörbar.

Dann sprang er in die Fluten. Nadines Hand rutschte an seinem nassen Hemd ab, sonst wäre sie selbst mit ins Wasser gestürzt.

»Papa!«, schrie sie. »Nein!«

Nadine streckte den Arm weit über die Reling. Da schlug eine Welle gegen das Boot. Sie flog kopfüber hinab und prallte hart auf dem Wasser auf. Die Kälte durchfuhr sie wie Eissplitter. Sie strampelte und kam wieder an die Oberfläche.

»Papa!«

Eine Hand packte sie an der Schulter. Sie riss die Augen auf und hörte ihren eigenen Schrei im Raum widerhallen. Der Fremde betrachtete sie mit ausdrucksloser Miene.

»Mein Vater«, sagte sie heiser. »Er ist ... Ist er?«

Der Unbekannte senkte den Blick. Seine dünnen Lippen glichen Linien, umrandet von einem Vollbart. Nadine schluckte trocken und ließ sich zurück in die Kissen sinken. Ein Schluchzen entwand sich ihrer Kehle. Sie schaute aus dem Fenster zu ihrer Linken. Draußen zogen graue Wolken auf. Ihr Puls beschleunigte sich und sie wandte den Blick sofort wieder ab.

»Wo bin ich?«

»Auf einer Insel«, antwortete der Mann.

»Wie heißt du?«

»Ferris.« Er reichte ihr die Hand. »Und du?«

Sie schlug unbeholfen ein. »Nadine.«

Ein trauriges Lächeln umspielte seine Lippen. Ferris war schmächtig. Seine Tränensäcke hingen wie Rettungsboote unter seinen Augen. Die krausen braunen Haare standen ihm vom Kopf ab, erinnerten sie an die Deichschafe des Küstenortes, an dem sie mit ihrem Vater in See gestochen war.

»Wie komme ich hier runter?«, fragte sie. »Hast du ein Boot?«

Ferris schüttelte den Kopf. »Es ist kaputtgegangen.«

Verzweiflung legte sich wie ein Leichentuch über sie. Ihre Gliedmaßen wurden schwer, drückten sie fest in die weiche Matratze. Sie krallte die Finger in den Bezug.

Nadine konnte nicht hierbleiben. Aber wo sollte sie hin? Da draußen gab es niemanden, der sie vermisste. Der Segeltörn hatte zwei Wochen dauern sollen und war nach nur wenigen Tagen zu Ende gegangen. Ihr Vater war … nicht mehr da.

Ein Schluchzen kletterte mit spitzen Fingernägeln ihre Kehle hinauf, doch sie schluckte es mühsam herunter. Also packte es stattdessen ihr Herz und umklammerte es mit eiserner Faust.

»Dann reparieren wir dein Boot«, sagte sie verhalten. »Oder wir leihen uns eins aus.«

Er lächelte bitter. »Es gibt auf dieser Insel keine Boote. Aber irgendwann wird sicher jemand kommen.«

»Du meinst: Wir sind hier ganz allein? Auf einer einsamen Insel?«

Er nickte.

»Wie lange bist du schon hier?«

Ferris senkte den Blick und atmete schwer. Anschließend schaute er an die Wand gegenüber des Betts. Nadine sah unzählige weiße Kreidestriche auf den Holzlamellen. Ihr Mund öffnete sich und die herausströmende Luft ließ ein Pfeifen zwischen ihren Zähnen entstehen.

»Drei Monate, Pi mal Daumen.«

»Nein. Das kann nicht … Wir sitzen nicht hier …«

Ihr Herzschlag beschleunigte sich. Sie wurde kurzatmig. Ferris griff nach ihrer Hand, doch sie entzog sie ihm.

»Du lügst.«

Er schüttelte den Kopf.

»Hast du … hast du wirklich … Hast du alles …?«

»Ich hatte wochenlang Zeit, jeden erdenklichen Winkel dieser Insel zu durchkämmen. Ich habe nichts gefunden außer …« Er schluckte schwer. »… Gestrüpp und Felsen.«

Nervös kratzte sich Nadine am Handgelenk. Hautschuppen rieselten auf die Bettdecke. Oder war es die Salzkruste, die darauf zurückgeblieben war?

Obwohl ihr Atem stoßweise ging, hatte sie nicht das Gefühl, mehr Luft zu bekommen. Langsam und unter hohem Kraftaufwand setzte sie sich auf. Sie hyperventilierte. Weiße Punkte tanzten vor ihren Augen, die auch nach mehrmaligem Blinzeln nicht verschwanden. Sie packte Ferris' Schulter, um nicht das Gleichgewicht zu verlieren.

»Du solltest noch … Ruh dich aus!«

Nadine schüttelte den Kopf. Schwindel überkam sie und ihr Körper kippte zur Seite weg. Ferris wollte ihr helfen, doch sie schob ihn von sich. Sie musste hier sofort raus. Sie brauchte Sauerstoff. Sie bekam keine Luft mehr. Mit geschlossenen Augen hievte sie die Beine über die Bettkante und schob sich vorwärts. Zwei Hände hielten sie an der Taille, während sie zur Zimmertür wankte.

»Langsam!«, mahnte er.

Kurz verschnaufte Nadine, um dann mit Ferris gemeinsam hinaus auf den Flur zu treten. Es war dunkel. Durch das schmutzige Fenster sah sie am Horizont einen Blitz über die Wolkendecke zucken. Sie lief den schmalen Gang entlang zur Haustür. Auf den Fensterbrettern standen Kerzen, die den Raum in einen geisterhaften Schimmer tauchten.

Nadine griff nach der Klinke, blieb aber unschlüssig auf der Türschwelle stehen. Ihr Blick streifte die weiße Wand gegenüber. An ihr hingen detaillierte Kohlezeichnungen. Bei genauerer Betrachtung konnte man die Hilfslinien noch sehen.

»Hast du die gezeichnet?«

Er nickte.

»Du bist ein Künstler?«

Ferris zuckte mit den Achseln.

Vorsichtig strich sie mit zwei Fingerkuppen über die schwarzen Linien, fuhr den Schwanz einer Meerjungfrau nach. Die Kohle verwischte unter ihrer Berührung, und die Schuppen wirkten wie vom Wasser fortgeschwemmt. Sofort zog Nadine ihre Hand zurück.

Die Meerjungfrau hielt sich an einem Holzboot über Wasser. Der Fischer sah sie mit weit aufgerissenen Augen an. Ihr Lächeln war lieblich. Doch unter der Wasseroberfläche offenbarte sich ein Fischschwanz unermesslichen Ausmaßes. Wie ein Monster, das seinen Schlund aufsperrte, um die kleine Meerjungfrau zu verschlingen, haftete ihr Schwanz an ihrem Leib. Schlängelte sich mit aufgestelltem Kamm, der dem eines Drachen glich, in Dutzenden Windungen durch die tiefe See und hob das Boot des Fischers an.

Ein zweites Bild zog ihre Aufmerksamkeit auf sich. Es zeigte ein Pferd mit einem Fischschwanz, das unter Wasser schwamm. Die Mähne wurde durch die Wellen hin und her getrieben. Die Augen schienen leer. Das Echo eines Wieherns drang in ihr Gedächtnis. Nadine schrie auf und hielt sich eine Hand vor den Mund.

»Was ist das?«

»Ein Kelpie«, antwortete Ferris ruhig. »Die Fischer erzählen sich Legenden über diese Wassergeister. Halb Pferd, halb Fisch. Sie sollen sich in schöne Frauen verwandeln, um Männer in die Falle zu locken. Oder auch andersherum.«

Sie wandte sich ihm langsam zu.

Ferris' Gesichtsausdruck war unergründlich, jedoch ernst. Mit den Fingern strich er sich durch den struppigen Bart.

Ihr lief ein Schauer über die Haut und sie wandte den Blick schnell wieder den Zeichnungen zu. Eine zeigte einen Schiffbrüchigen, der um sein Leben schwamm. Die Masten des Segelschiffs waren gebrochen, das Tau schwang unkontrolliert im Wind des Sturms. Die Wellen peitschten hoch. Die Erinnerung trieb ein Beben durch Nadine. Sie umschlang ihren Körper mit beiden Armen und rieb sich den Oberarm.

Das Zentrum der Zeichnung stellte etwas dar, was sich, für den Mann unsichtbar, unter der Wasseroberfläche verbarg. Ein Krake, dessen Tentakel sich nach dem Mann ausstreckten. Eine Fangarmspitze bildete eine falsche Insel, auf die der Schiffbrüchige zuschwamm, eine andere drang durch die Oberfläche und schwebte wie ein böses Omen über dem Ertrinkenden.

Nadines Atmung beschleunigte sich wieder. Im Augenwinkel sah sie Ferris' wachsamen Blick. Doch sie betrachtete weiterhin die Zeichnung vor sich. Eine Hand drückte sie auf ihre Brust, die andere auf die kalte Wand.

»Was bedeutet das?«, presste sie hervor und tippte auf den Kraken. »Das Wasser ... oben ist alles hell, hier ist alles düster.«

»Unter der Oberfläche verbirgt sich eben immer mehr.«

»Meer ...«, sagte sie.

Sie spürte die Kraft der Wellen, hörte das Tosen des Windes, schmeckte das Salz auf ihren trockenen Lippen. Ihr Herz raste, doch ihre Atmung wurde immer flacher. Das Gesicht ihres Vaters erschien vor ihr, wurde aber schnell von weißen Lichtpunkten abgelöst, die in ihrem Sichtfeld tanzten. Sie sah zu Ferris, der die Arme nach ihr ausstreckte. Dann wurde ihr schwarz vor Augen.

Sie öffnete die Lider und schaute auf eine dunkle, holzvertäfelte Decke. Als sie sich aufrichtete, begutachtete sie die Kreidestreifen an der Wand. Kein neuer war hinzugekommen. Ihre Mundwinkel zogen an ihren spröden Lippen. Nadine fuhr mit der Zunge über die Risse, bis sie brannten. Die Tür knarzte und Ferris erschien auf der Schwelle.

»Was ist passiert?«

»Du hattest eine Panikattacke«, sagte er.

Sie hielt sich die Stirn mit einer Hand. »Hast du was zu trinken?«

Als er nicht antwortete, blickte sie zu ihm auf. Seine Miene war undurchdringlich im fahlen Schein des Sonnenuntergangs. Langsam ging er auf sie zu.

»Du darfst das Haus nicht verlassen. Verstehst du?«, wisperte er eindringlich. »Und bitte trink kein Wasser aus der Leitung!«

»Warum nicht?«

Sein Gesichtsausdruck wurde bitterernst. »Ich weiß nicht, ob das Leitungswasser genießbar ist.«

»Und was trinkst du den ganzen Tag? Orangensaft?«

Er presste die Lippen aufeinander.

»Was isst du? Wie hast du die letzten Monate überlebt, wenn es hier doch nur ›Gestrüpp und Felsen‹ gibt?«

»Es gibt kein Süßwasser auf dieser Insel«, antwortete er harsch. »Ich habe Regenwasser aufgefangen.«

Wenn es kein Süßwasser gab, woher kam dann das Leitungswasser? Und woher hatte Ferris bitte schön Orangensaft, wenn er hier inzwischen seit Monaten festsaß?

»Warum kannst du mir nichts davon geben?«

»Es ist alle. Vertrau mir! Es ist zu deinem Besten, wenn du erst einmal nichts mehr trinkst.«

Ihr blieb der Mund offen stehen. »Zu meinem ... Was geht hier vor, Ferris?«

»Ich werde es dir erklären.« Er ging rückwärts auf die Zimmertür zu, während sein Blick unverwandt auf sie gerichtet war. »Ich werde es dir erklären. Ich verspreche es.«

Sie sah fassungslos zu, wie er die Tür hinter sich schloss, hörte das Kratzen des Schlüssels und das Klicken, als das Schloss einrastete. Schnell schwang sie die Beine über die Bettkante und stolperte ihm nach. Ihr schwirrte der Kopf. Mit aller Kraft hämmerte sie gegen das morsche Holz.

»Mach auf, Ferris! Lass mich hier raus! Ferris!«

Ihre Beine wurden weich und sie ließ sich auf die Knie fallen. Wollte er, dass sie verdurstete? Schwer atmend presste sie die Hände gegen den Boden und ging auf alle viere. Ein Würgen überkam sie. In einem riesigen Schwall drang Salzwasser ihre Kehle hinauf und ergoss sich über das Parkett.

Sie sprang auf und stolperte zurück in die Raummitte. Das Wasser drang unter der Tür hindurch in den Nebenraum und verteilte sich auf dem Holz. Es wurde mehr und mehr ... Meer.

Erneut sammelte sich salziges Wasser in ihrem Mund. Nadine drehte sich um und rannte zum Fenster. Es war verschlossen. Eine weitere Flut Wasser verteilte sich über das Fensterbrett. Panisch sah sie sich im Raum um und erblickte eine Holzkommode neben dem Bett. Sie riss die Schubladen auf und suchte nach einem Gegenstand; irgendetwas, womit sie das Fenster aufstemmen oder einschlagen konnte.

In der zweiten Schublade fand sie die braune Ledermappe, die sie schon auf dem Verandatisch gesehen hatte. Sie holte sie hervor und schlug sie auf. Vergilbte Blätter lagen lose darin. Die obersten waren leer, aber auf den hinteren befanden sich Zeichnungen. Jedoch nicht von Unterseemonstern, sondern von Menschen. Männer und Frauen, Paare und Kinder, Jung und Alt. Es waren realistisch gezeichnete Porträts. Und sie hatten eines gemeinsam: die leeren, toten Augen. Genauso wie die des Fischpferdes.

Nadines Herz machte einen Satz in der Brust. Sie musste hier sofort raus. Nachdem sie alle Schubladen durchwühlt hatte, warf sie sich auf die Knie und krabbelte über den Boden. Mit den Fingern suchte sie das Holz nach einer Schwachstelle ab. Irgendeine Diele musste sich herausbrechen lassen, um das Fenster aufzustemmen, notfalls mit roher Gewalt.

Ein eigentümliches Knarzen ließ sie innehalten, als sie den Raum bereits halb durchquert hatte. Sie wollte den linken Fuß gegen das Holz stemmen, doch die Diele gab sofort nach. Nadine hob das Brett vom Boden ab und sah fassungslos auf das Messer in dem Loch, das sie freigelegt hatte.

Erleichtert atmete sie durch und rannte zurück zum Fenster. Minutenlang werkelte sie am Scharnier herum, bis sie endlich eine Schraube herausdrehen konnte. Mit mehreren Tritten hob sie das Fenster aus den Angeln.

Sie hörte den Schlüssel im Türschloss kratzen. Schnell kletterte sie aus dem Fenster und rannte los.

»Nicht!«, brüllte Ferris ihr hinterher. »Nadine, komm zurück!«

Seine Stimme verklang im aufbrausenden Wind. Die grauen Wolken hatten sich mittlerweile über den gesamten Himmel verteilt. Nur die letzten Sonnenstrahlen spendeten Licht, warfen aber gleichzeitig bedrohliche Schatten von jedem Strauch, den sie passierte.

Nadine rannte immer geradeaus, einfach nur weg vom Haus. Sie folgte dem Ruf des Windes, der Lieder sang wie eine Schicksalsmelodie. Ihre Lungenflügel brannten, doch sie eilte weiter, bis ihre Beine sie nicht mehr trugen. Vornübergebeugt stemmte sie die Hände auf die Oberschenkel. Sie würgte und ein Schwall Wasser drang erneut aus ihrer Kehle hervor.

Ein Geräusch ließ sie zusammenfahren. Es war kein menschlicher Laut, mehr ein Krächzen. Sie blickte auf und sah vor sich einen See.

Irritiert legte sie den Kopf schräg. Ferris hatte gelogen. Es gab Süßwasser auf dieser Insel. Ihr Hals schmerzte vom Rennen und sie schluckte trocken.

Endlich. Endlich war sie am Ziel. Sie ging wie hypnotisiert auf das Wasser zu. Der Himmel riss auf und das Wasser reflektierte das einfallende Mondlicht.

Ihre Finger entspannten sich und ließen das Messer fallen, das sie bis jetzt fest umschlossen gehalten hatte. Sie fuhr sich mit der rauen Zunge über die trockenen Lippen. Das Rauschen der Büsche klang wie die Melodie einer Ballade, die von den Bäumen aufgegriffen und über den See getragen wurde.

Nadine lief über das Ufer hinaus. Das kalte Wasser drang in ihre Schuhe, durchnässte ihr Kleid. Mit den Händen fuhr sie über die Wasseroberfläche wie über den Saum eines Kleides aus reiner Seide. Sie formte mit den Fingern einen Kelch, um Wasser in ihren Mund zu schöpfen.

Als die ersten Tropfen ihren Rachen benetzten, fühlte sie eine grenzenlose Befriedigung. Doch mit jedem weiteren Schluck bekam sie weniger Luft. Ihre Lungen füllten sich mit Wasser. Aus ihrer Kehle drang ein Gurgeln und sie riss die Augen weit auf. Sie rang nach Luft, packte sich selbst am Hals. Wellen schlugen um sie her auf. Dann erbrach sie sich in den See.

Neben sich hörte sie plötzlich ein Schlürfen aus dem Morast. Zögerlich wandte sie den Kopf um und sah ins meterhohe Seegras, das im Wind wehte. Sie bemerkte ein schwarzes Pferd, das bis zum Bauch im Wasser verschwunden war. Es zwängte sich durchs Schilf direkt auf sie zu. Die Hufe gruben sich tief in den Schlamm. Schmatzend kroch es auf sie zu.

Wilde Pferde waren untypisch für die irischen Inseln. Zwar hatten viele Bauern ihre Pferde nach der Wirtschaftskrise ausgesetzt, doch das war ein Jahrzehnt her und eher auf dem Festland üblich gewesen. Selbst in den schottischen Highlands hatte sie nie welche gesehen.

Nadines Füße waren im morastigen Boden des Sees versunken. Hilflos streckte sie eine Hand dem Rappen entgegen, die Handfläche beschwörend nach vorne gerichtet. Das Fell schimmerte im durchdringenden Mondschein bläulich. Die triefende Mähne floss dem Pferd über den Hals. Irgendetwas hatte sich in ihr verheddert. Erst als das Tier nur noch einen Meter entfernt war, erkannte Nadine, dass es keine vertrockneten Seegrashalme waren. Es waren kleine Knochen.

Nadine atmete hastig ein. Beim Versuch, rückwärtszugehen, verlor sie im Morast das Gleichgewicht und fiel hin. Das Pferd öffnete die Lippen und entblößte zwei Reihen Zähne. Sie waren zu scharf für einen reinen Pflanzenfresser.

Ein Schrei ertönte und der Rappe wandte den Kopf in Richtung See. Nadine folgte seinem Blick. Dort war jemand, und er rief nach ihr. Er rief ihren Namen, sie verstand ihn deutlich. Es war die Stimme ihres Vaters. Sie wollte zu ihm, doch sie konnte unmöglich so weit schwimmen. Das Pferd schon.

Nadine drehte sich wieder dem Wesen vor sich zu. Ihre Finger legten sich auf die Nüstern, während die schwarzen Augen sie in ihren Bann zogen. Die Schwärze kam ihr vertraut vor. Sie versprach Geborgenheit und Sicherheit. Nadine strich dem Pferd über den Hals. Die ledrige Haut fühlte sich unter ihren Fingerspitzen weich und kalt an.

Es schnaubte zufrieden, als sie sich erhob. Nadine griff in die Mähne und kletterte auf den Rücken des Rappen. Er würde sie in Sicherheit bringen, weg von dieser Insel. Zurück zu ihrem Vater, ihrer Familie, ihrer Heimat. Sein Schweif hob sich und sie begriff, dass es ein langer Fischschwanz war. Er traf schallend auf die Wasseroberfläche auf und schob sie hinaus auf den See.

Sie würde endlich ihren Vater wiedersehen, ihn in den Arm schließen können. Wenn sie die Augen zusammenkniff, konnte sie ihn am anderen Seeufer schon erahnen. Er wartete auf sie. Nadine lachte euphorisch. Da nahm sie im Augenwinkel eine gleitende Bewegung an der Wasseroberfläche wahr.

Sie sah eine wunderschöne Meerjungfrau nur zwei Meter von sich entfernt. Ihr Gesicht war ebenmäßig und schimmerte weiß im Mondschein. Das lange schwarze Haar glitt wie Samt über ihre zierliche Schulter. Nadine war unfähig, den Blick von ihr zu wenden, bis das Pferd mitten auf dem See innehielt.

Sie schaute zum Seeufer, konnte ihren Vater aber nicht mehr sehen. Die Meerjungfrau glitt auf sie zu und hielt sich am Rücken des Pferdes fest. Nadine erinnerte sich an die Zeichnung mit dem Fischer im Boot, an den Fischschwanz, den Schlund des Monsters unter der Oberfläche.

Sie wehrte sich nicht, als die Meerjungfrau sie sacht zu sich ins Wasser zog. Doch dann trat ein grausames Lächeln auf ihre makellosen Lippen.

Die See war ein Ungeheuer, gegen das Ferris kämpfte – seit Monaten. Er war auf dieser Insel gestrandet. Er hatte überlebt. Und dennoch wollte er das nicht Leben nennen. Zumindest nicht bis zu dem Zeitpunkt, an dem Nadine in seinem Bett gelegen hatte.

Sie hatte länger überlebt als alle anderen. Er fand ihre Leichen für gewöhnlich am Ufer. Alle paar Tage eine oder zwei. Er kam immer zu spät. Entweder hatten die Monster sie schon geholt oder sie faselten im Traum von den Pferden, den Fischschwänzen, den wunderschönen Frauen. Sie liefen hinaus ins Meer und ertranken.

Nachdem er selbst am Strand angespült worden war, hatte ihn ein Mann gefunden. Er hatte sich ihm nicht vorgestellt, ihm nicht erklärt, wem dieses Haus gehörte. Aber er hatte das wohl einzig Richtige getan, was man auf dieser verfluchten Insel mit Neuankömmlingen machen musste: Der Fremde hatte ihn isoliert. Tagelang war Ferris im Keller eingesperrt gewesen. Als er sich schließlich hatte selbst befreien können, war der Mann nicht mehr da. Das Haus war verlassen gewesen.

Ferris nahm an, dass der Fremde letztlich den Gesängen erlegen war wie alle anderen auch. Nur die Ledermappe mit den Blättern und Unmengen von Kohlestiften hatte er ihm hinterlassen. Tagelang hatte er gehungert, bis offenbar ein Frachter mit Zitrusfrüchten vor der irischen Küste verunglückt war. Die Orangen hatten bis heute überlebt. Er konnte sie nicht mehr sehen.

Irgendwann hatte er begonnen, die Leichen am Strand zu zeichnen, um Gesellschaft zu haben, solange niemand lebendig an die Küste getrieben wurde. Und wenn es nur die Bilder von Toten waren – es waren immer noch menschliche Gesichter, die er teilweise wochenlang nicht sah. Nur die hässlichen Fratzen dieser Monster, wenn er dem Wasser zu nahe kam. Er wollte sie nicht Meerjungfrauen nennen. Das waren keine harmlosen Frauen mit Flossen. Es waren blutrünstige Bestien, die ihn auf dieser Insel festhielten.

Ferris hatte den See bewusst gemieden, denn hier lebten sie. Nacht für Nacht hörte er das Wiehern der Kelpies, das Singen der Meerjungfrauen und das Schreien ihrer Opfer von der Mitte der Insel her. So wie er jetzt Nadines Schreie hörte, während die Monster sie zerfetzten.

Er hatte Nadine davor bewahren, ihr die Wahrheit sagen wollen. Doch er war schon unzählige Male gescheitert. Nie hatte ihm jemand geglaubt, bevor er nicht selbst ins Angesicht der Monster geblickt hatte und ihnen letztlich verfallen war. Er nahm an, dass seine damalige Isolation eine Art Immunität hervorgerufen hatte, sodass er beim Verzehr von Wasser keine Halluzinationen bekam wie die anderen.

»Verloren«, brüllte die dröhnende Stimme in seinem Kopf. »Du hast sie verloren – deine letzte Hoffnung.«

Ferris senkte den Blick. Etwas blitzte im Gras auf und er beugte sich hinab. Ein Messer. Das versteckte Messer aus der Diele. Mit zitternden Händen hob er es auf und der Wind verstummte langsam. Es war vorbei. Die Monster hatten Nadine mit sich genommen.

Er hatte gehofft, dass der Fluch endlich enden würde, wenn er nur einen retten konnte. Wenn er nur einen Menschen vor den Monstern der See retten könnte, wäre er nicht mehr allein. Vielleicht hätten sie gemeinsam einen Weg gefunden, von dieser Insel zu verschwinden. Doch seine Hoffnung war eine Lüge gewesen. Er konnte niemandem helfen. Er konnte nicht einmal sich selbst helfen.

Im Augenwinkel bewegte sich das Schilf. Ferris wandte sich um und sah eine Bewegung im Wasser. Die leeren Augen einer Meerjungfrau taxierten ihn wachsam. Er lächelte freudlos und trat auf sie zu. In fließenden Bewegungen ließ sie sich hinaustreiben. Ferris folgte ihr. Er hatte keine Angst, als er ins Wasser glitt. Er wusste, es war die einzige Entscheidung, die ihm noch blieb. Er würde nicht sterben. Sterben konnte man nur, wenn man lebte. Und er lebte schon lange nicht mehr.

Die Meerjungfrau glitt über die Wasseroberfläche und hinterließ schwache Wellen, die er an den Oberschenkeln spürte. Als das Wasser ihm bis zum Bauchnabel reichte, blieb er stehen. Die Kreatur verharrte sekundenlang auf einer Stelle. Dann glitt sie vorwärts, wobei die schwarzen Haarsträhnen ihr über die Oberfläche folgten wie giftige Seeschlangen. Ihr Mund blieb unter Wasser, bis sie unmittelbar vor ihm ankam. Als sie sich erhob, sah er ihre gelben Fangzähne. Ihre Hände hatten lange Krallen, die sie nach ihm ausstreckte. Sie umschlang sein Gesicht und er schloss die Augen. Die Gänsehaut auf seinem Körper begann zu prickeln, als sich ihre kalten, klammen Lippen auf seine legten.

Er griff mit der linken Hand in ihre glitschigen Haare. Sie fühlten sich an wie die Tentakel eines Oktopus. Mit der rechten Faust umschloss er das Messer in seiner Hand.

Dieser Fluch würde ein Ende haben – so oder so.

# Filmriss

# Filmriss

Maik atmete ein letztes Mal tief durch, bevor er den Schlüssel drehte und die Tür zur Wohnung öffnete. Stille schlug ihm aus dem dunklen Inneren entgegen, ließ ihn nur zögerlich einen Fuß in den Flur setzen. Keine zwei Tage waren seit dem Unfall vergangen, und doch war nun alles anders. Die Welt drehte sich weiter, aber für eine Person blieb sie für immer stehen.

Seine Schritte führten ihn in die Küche, in der er minutenlang reglos auf den kleinen Tisch vor sich starrte. Erinnerungen an glückliche Zeiten nahmen ihn in ihren Bann: laute, lebhafte WG-Abende, während derer sie zu dritt mit Wein und großen Gesten über Gott und die Welt philosophierten, gemeinsam lachten und sich trösteten.

Ein Geräusch in seinem Rücken riss ihn aus seinen Gedanken, ließ ihn herumfahren. Anna stand im Türrahmen, das lange, dunkle Haar zerzaust, die Augen gerötet.

»Du bist zurück …«, erkannte sie leise.

»Es tut mir so leid«, flüsterte Maik, nahm Anna fest in den Arm.

Diese ließ es geschehen, allerdings spürte er, wie sich ihr Körper versteifte. Er akzeptierte ihre Zurückweisung, jeder ging mit Trauer anders um. Er wollte für seine Freundin da sein, ihr aber zugleich den nötigen Raum lassen. Auch er benötigte nach den beiden Tagen im Krankenhaus Zeit für sich, um das Geschehene zu begreifen – sofern das überhaupt je möglich war.

Mit einem unsicheren Ausdruck in den Augen verschwand Anna wieder aus der Küche.

Kurz darauf machte sich Maik ebenfalls auf den Weg in sein Zimmer. Dabei fiel sein Blick automatisch auf die Tür neben der seinen: Bens Tür.

Ein unwirkliches Gefühl breitete sich in ihm aus, sagte ihm, dass sich die Tür jeden Moment öffnen und sein bester Freund verschlafen auf der Suche nach einem Kaffee herauskommen würde, wenn er sie nur lange genug anstarrte.

Natürlich geschah nichts dergleichen, und mit einem letzten, niedergeschlagenen Blick flüchtete sich Maik in sein Zimmer.

Auch in dieser Nacht schlief er schlecht. Die Tabletten aus dem Krankenhaus halfen kaum, immer wieder fuhr er hoch, aufgeschreckt von Erinnerungsfetzen an seine letzte Fahrt mit Ben.

Es war dunkel, Ben saß am Steuer, die Scheinwerfer spiegelten sich auf der regennassen Fahrbahn. Sie stritten, doch wegen was, das wusste Maik nicht mehr. Im weiteren Verlauf wurde die Diskussion immer hitziger, Ben trat fester aufs Gaspedal und in dem Moment, als Maik ihn anschrie, langsamer zu fahren und auf die Straße zu achten, war es bereits zu spät. Der Wagen prallte bei voller Geschwindigkeit gegen einen Baum.

Ben war sofort tot, das konnte Maik deutlich in seinen aufgerissenen, leblosen blauen Augen sehen, kurz bevor es auch um ihn herum dunkel wurde und der durchdringende, metallische Geruch von Blut das Letzte war, was er wahrnahm ...

Maik war froh, als endlich der Morgen dämmerte und die ersten Sonnenstrahlen ihren Weg in sein Zimmer fanden. Gerädert von der durchwachten Nacht hoffte er, dass der Tag etwas erträglicher werden würde. Ein scheinbar belangloses Detail der düsteren Erinnerungen zupfte noch immer an seinen Gedanken, doch er konnte es nicht greifen und schob es vorerst beiseite.

Er wollte mit Anna reden, überzeugt davon, dass der gegenseitige Austausch ihnen helfen würde, diese schwere Zeit zu überstehen – gemeinsam. Allerdings war seine Freundin bereits verschwunden, ihr Bett schien unberührt.

War sie noch in der Nacht gegangen? Warum? Auf seine Nachrichten hin antwortete sie, dass sie bei ihren Eltern sei, Abstand brauche. Ein Teil von ihm konnte es ihr nachfühlen, auch ihn erinnerte jeder Zentimeter der Wohnung an Ben. Trotzdem wünschte er sich, dass sie mit ihm, ihrem Freund, über ihre Gefühle reden würde.

Generell schien Anna nicht die Einzige, die sich zurückzog; all seine Freunde – selbst die eigene Familie – meldeten sich kaum. Bereits während seines kurzen Krankenhausaufenthalts fielen die Besuche knapp aus und zunehmend beschlich ihn das unangenehme Gefühl, alle würden *ihm* die Schuld an dem Unfall geben. Selbst die Ärzte und die Polizisten, die seine Aussage zum Unfallhergang aufnahmen, verhielten sich seltsam distanziert, wie er fand, vergaßen sogar eines der Unfallfotos, das sie ihm zur Rekonstruktion der verhängnisvollen Nacht zeigten und auf dem die brutale Wucht des Aufpralls anhand des massiv eingedrückten Fahrzeugs deutlich wurde. Dabei erstickten ihn die Schuldgefühle auch so bereits: Wegen eines dummen Streits war sein bester Freund *tot*, während er lediglich einige Prellungen davongetragen hatte!

Am Nachmittag schließlich hielt er es in der Wohnung nicht mehr aus, stapfte ziellos durch die Gegend, hoffte, sich durch die Bewegung besser zu fühlen.

Doch die strahlende Sonne schien ihn zu verhöhnen, stach ihm in die Augen, bis er das Gefühl hatte, sein Kopf würde platzen, und in die nächste, dunkle Bar flüchtete.

Erst im Inneren wurde ihm bewusst, dass das die Kneipe war, in der sie zu dritt so manch feuchtfröhlichen Abend verbracht hatten, Start- und Endpunkt für wilde Nächte, als das Leben noch unendlich schien. Sein erster Impuls war es daher, zu flüchten. Andererseits waren die dämmrigen Sitzecken und die Aussicht auf ein kühles, betäubendes Bier in seinem Zustand einfach zu verlockend, und so steuerte Maik den am weitesten vom Eingang entfernten Tisch an.

Der Barkeeper schien ihn zu erkennen, nickte ihm zu, bevor er ihm wenig später ein Getränk brachte. Der erste Schluck tat gut und die Zeit verging, während weitere Gäste die Kneipe betraten. Whisky löste das Bier ab, und Maiks Sicht verschwamm zunehmend. Dennoch ließ die durch den Alkohol ausgelöste angenehme Leere in seinem Kopf ihn weitertrinken.

»Na, hat da einer zu tief ins Glas geschaut?«, spottete plötzlich eine bekannte Stimme, bevor sich die zugehörige Person ungefragt auf den Stuhl gegenüber fallen ließ.

»Halt die Klappe, Ben«, murmelte Maik genervt, weiterhin auf die schmelzenden Eiswürfel in seinem Getränk starrend.

Moment. Ben?

Erschrocken sah er auf – und starrte direkt in das grinsende Gesicht seines besten Freundes. Seines *toten*, besten Freundes. Die Welt schien zu kippen und instinktiv klammerte sich Maik an der klebrigen Tischkante fest.

»Aber ... aber du bist ... tot?«, stammelte er heiser.

Eine Augenbraue hebend, schnappte Ben sich Maiks Glas und stürzte es in einem Zug runter. »Sehe ich für dich etwa tot aus?«

Ohne den fassungslosen Blick von Ben zu nehmen, schüttelte Maik mit offenem Mund den Kopf. Ben sah absolut nicht tot aus, im Gegenteil: Mit dem wirren schwarzen Haar und dem spöttischen Funkeln in den haselnussbraunen Augen wirkte er so lebendig wie eh und je. Doch das konnte nicht sein, Maiks Trauer musste ihm einen Streich spielen!

»Du glaubst, ich wäre gar nicht wirklich da«, las Ben seine Gedanken, erhob sich abrupt. »Dann muss ich dich wohl vom Gegenteil überzeugen.«

»Warte, was hast du ...«, begann Maik, aber Ben war bereits auf dem Weg zum nächsten Tisch, an dem ein offensichtlich frisch verliebtes Pärchen vergnügt kichernd mit Händchenhalten und Abendplanung beschäftigt war.

»Ihr habt sicher nichts dagegen«, meinte Ben gut gelaunt, und bevor Maik ihn aufhalten konnte, setzte er sich bereits dazu, als wären sie alte Freunde.

Das junge Paar starrte Ben irritiert an und Maik blieb wie vom Donner gerührt stehen. Sie sahen ihn also auch!

»Na, jetzt guck mal nicht so überrascht«, wandte Ben sich an den jungen Mann neben ihm. »Wir kennen uns doch. Immerhin bist du mit meiner Schwester zusammen.«

Die Frau gegenüber riss die Augen auf. »Du bist was?«

Ihr Freund schüttelte entrüstet den Kopf. »Das stimmt nicht! Ich kenne den Kerl nicht!«

»Klar, genauso wenig, wie du deine Verlobte und dein Kind kennst«, legte Ben nach, wandte sich an die Frau. »Er ist immer auf der Suche nach ein bisschen Spaß. Sorry, Süße, aber besser, es tut jetzt weh, als wenn du dich ernsthaft verliebst, oder?«

Während der Mann gar nicht wusste, wie ihm geschah, sprang seine Freundin bereits mit Tränen in den Augen auf. »Deshalb musstest du neulich so dringend weg! Und hast aufgelegt, als ich durch die Tür gekommen bin!«

»Nein, Schatz, bitte, hör mir zu! Er lügt!« Der Mann erhob sich, griff nach ihrem Arm, aber sie riss sich los, schluchzte auf und rannte weinend nach draußen. Für einen Moment schien ihr Freund hin- und hergerissen zwischen den Optionen, Ben eine reinzuhauen oder vielleicht besser seiner Freundin zu folgen. Er entschied sich für Letzteres.

Als er weg war, trat Maik fassungslos an Ben heran. »Wieso hast du das getan?«

*Weil sie es nicht verdienen.*

Eine leise, gehässige Stimme, die plötzlich in einem Winkel von Maiks Gehirn auftauchte. Wieso sagte sie so etwas?

Zufrieden grinsend zuckte Ben mit den Schultern. »Du wolltest einen Beweis und das Geturtel ging mir eh auf den Sack.« Er schnaubte verächtlich.

Ehe Maik etwas erwidern konnte, erklang die Stimme des Barkeepers. »Hey, ich will keinen Ärger hier!«

Beschwichtigend hob Ben die Hände, bevor er Maik Richtung Ausgang schob. »Lass uns verschwinden!«

Mittlerweile war es dunkel geworden und die kühle Nachtluft machte Maik nach all dem Alkohol schwindelig. Die Augen schließend, stützte er sich an der Hauswand ab, war sich trotz der Szene in der Bar sicher, Ben würde verschwunden sein, wenn er sie wieder öffnete. Doch dieser stand weiterhin mit einem spöttischen Lächeln vor ihm. »Du bist wohl aus der Übung!«

Lachend drehte er ihm den Rücken zu, balancierte den Bordstein entlang. Maiks benebelter Verstand versuchte zu begreifen, was hier vor sich ging, scheiterte allerdings immer wieder an der unumstößlichen Tatsache, dass Ben *tot* war! Ein kühler Windhauch ließ die Blätter in den Bäumen rascheln und Maik frösteln, während er Ben betrachtete, der nach einigen Metern stehen blieb und erwartungsvoll zurücksah. War das wirklich Ben? Konnte das tatsächlich sein? Ein Gefühl von Unwirklichkeit breitete sich in Maik aus, machte ihm Angst. Irgendetwas nagte an seinem Unterbewusstsein, doch er konnte es wieder einmal nicht greifen …

Wie von selbst gingen seine Füße Schritt für Schritt auf Ben zu. War das vielleicht ein Traum? Das würde einiges erklären. Womöglich war sogar Bens Tod ein Traum gewesen?

»Du machst dir zu viele Gedanken«, stellte Ben fest, als Maik zu ihm aufschloss.

»Ich verstehe es einfach nicht …«, erwiderte Maik.

»Vielleicht hilft dir ja *das* dabei!« Grinsend zog Ben eine Flasche Schnaps unter seiner Jacke hervor.

Abwehrend schüttelte Maik den Kopf, er hatte genug für heute, die ganze Situation war auch so schon viel zu verwirrend.

Ihn ignorierend, nahm Ben einen großen Schluck und hielt Maik die Flasche unter die Nase. »Auf die Freundschaft! Oder ist sie dir so wenig wert?« Für den Bruchteil einer Sekunde huschte ein Schatten über Bens Gesicht und auch in Maik flackerte etwas auf, verschwand jedoch sofort wieder. Zögerlich griff er nach der Flasche und setzte sie an die Lippen. Das hochprozentige Gebräu stieg ihm sofort in den Kopf.

»Na also! Lass uns einfach Spaß haben, so wie früher!«

Ben legte zufrieden den Arm um Maiks Schultern und zog ihn mit sich. Gemeinsam mit dem Alkohol verdrängte diese vertraute Geste vorübergehend Maiks Zweifel. Es tat im Moment einfach zu gut, seinen Freund nach all der Trauer und dem Schmerz wiederzuhaben …

Auf seine typisch zynische Art packte Ben immer weitere Geschichten von früher aus, die Maik lachend ergänzte. Wie noch zu Schulzeiten zogen sie ziellos durch die Straßen, nur Maik, Ben und eine sich schnell leerende Flasche Schnaps.

Gut gelaunt pöbelten sie Pärchen an, die an ihnen vorbeikamen und sie irritiert anstarrten, äfften sie nach und lachten sie aus. Maik genoss die Zeit mit Ben, ignorierte die leise, warnende Stimme in seinem Hinterkopf, die vehement versuchte, ihm klarzumachen, dass hier etwas nicht stimmte – bis sie in eine dunkle Gasse abbogen und die Stimmung kippte.

Ein angetrunkenes, gut gekleidetes Paar in den Vierzigern kam ihnen entgegen, den Ringen nach verheiratet. Sie nahmen keine Notiz von ihnen, bis Ben dem Mann unvermittelt mit solcher Wucht ins Gesicht schlug, dass dieser benommen zu Boden ging. Bevor Maik reagieren konnte, trat Ben noch mal nach, ließ die geschockte Frau nicht aus den Augen. Diese schrie erschrocken auf, woraufhin Ben sie so heftig gegen die Wand stieß, dass sie mit dem Hinterkopf gegen die Backsteinmauer knallte. Wimmernd sackte sie daran herab, schlang die Arme um ihren Körper.

Entsetzt starrte Maik Ben an, der plötzlich ein Klappmesser zückte und vor dem am Boden liegenden Mann in die Hocke sank.

»Ben, hör auf! Was tust du denn da?«

*Sie verdienen ihr Glück nicht.*

Wieder diese bösartige Stimme in Maiks Kopf. Aber das waren doch nicht seine Gedanken. Oder?

Ben ignorierte ihn und ließ die Klinge keinen Zentimeter vor den aufgerissenen Augen des Mannes aufschnappen, hielt sie ihm an die Kehle. Einen entsetzlichen Moment lang war Maik sicher, Ben würde zustechen. Dennoch konnte er nichts tun, war wie gelähmt.

»Lass deine Frau hier, dann kannst du gehen«, sagte Ben so laut, dass selbst das Weinen aus Richtung der Wand kurzzeitig verstummte.

Einen Augenblick lang zögerte der Mann, bestätigte schließlich so leise, dass es kaum hörbar war.

»Wie bitte?«, höhnte Ben. »Ich hab dich nicht verstanden!«

»Okay!«, rief der Mann verzweifelt.

Zufrieden nickend erhob sich Ben, trat zurück. »Dann geh. Du hast fünf Sekunden!«

Grinsend begann er zu zählen, während der Mann sich stöhnend und so schnell er konnte aufrappelte und, ohne seine Frau noch eines Blickes zu würdigen, die Flucht ergriff.

Endlich riss Maik sich aus seiner Erstarrung, packte Ben an der Schulter, der bereits mit gezücktem Messer auf dem Weg zu der zitternden Frau war. »Ben, hör auf!«

Ben musterte ihn abschätzig und blieb stehen. »Stets der edle Retter in der Not«, ätzte er. »So unfehlbar, so beliebt. Ist immer für andere da, außer für seinen angeblich besten Freund!«

Damit ließ er Maik stehen, nutzte dessen Verwirrung, um sich zu der weinenden Frau zu beugen. »Da siehst du, was du deinem Typ wert bist!«, zischte er. »Ohne mit der Wimper zu zucken, hat er dich gegen sein eigenes Leben eingetauscht!«

Die Frau schluchzte auf und Ben packte sichtlich zufrieden sein Messer weg.

»Komm, bevor diesem Penner doch noch Eier wachsen und er die Polizei ruft«, meinte er an Maik gewandt, schlenderte weiter die Gasse entlang, als hätte es nie eine Unterbrechung gegeben.

Mit einem letzten, betroffenen Blick auf die Frau, schloss Maik zu Ben auf. »Was ist nur los mit dir?«, fragte er verzweifelt. »Sie haben dir nichts getan!«

Abrupt blieb Ben stehen, fuhr zu Maik herum. »Sie haben es nicht verdient, glücklich zu sein! Die innigen Blicke, die vertrauten Berührungen, die Versprechungen …« Er spuckte aus. »… ertrage ich einfach nicht!« Mit zornig blitzenden Augen packte er Maik am Kragen. »Wieso darf jeder glücklich sein, wenn ich es nicht kann?« Damit stieß er Maik von sich, schmetterte die fast leere Schnapsflasche gegen die Wand und bog ohne ein weiteres Wort am Ende der Gasse um die Ecke.

Erschüttert von Bens plötzlichem Wutausbruch konnte Maik sich für einige Sekunden nicht rühren. Wieso war er so zornig, so voller Hass? War er etwa eifersüchtig? Aber worauf? Auf die Beziehung der Paare, die Vertrautheit, das Glück? Oder womöglich auf das Leben selbst? Weil er … tot war?

Bei dieser Erkenntnis ergriff Schwindel Besitz von Maik, seine Brust verengte sich. Tot. Ben war tot. Tot und ... eifersüchtig. Dieser Gedanke kratzte erneut an Maiks Erinnerung, löste etwas in ihm aus, das er allerdings noch immer nicht greifen, nicht einordnen konnte. Doch er wusste, er musste Ben folgen, war sich sicher, dass dieser kurz davorstand, etwas Schlimmes zu tun.

*Weil er es schon einmal getan hat ...*

Ein unheilvolles Wispern in seinem Kopf. Aber woher wusste die Stimme das?

Eilig folgte Maik Ben um die Hausecke, sah ihn in einiger Entfernung in einem neonbeleuchteten Club verschwinden, aus dem dumpf das Wummern von Bässen dröhnte. Er hastete ihm hinterher, tauchte ein in eine stickige Welt aus bunten Blitzlichtern, waberndem Nebel und übersteuerten Technoklängen. Zwischen all den tanzenden Menschen war es Maik unmöglich, Ben auszumachen. Verzweifelt schob er sich über die Tanzfläche, drückte sich vorbei an schwitzenden Menschen, die keinen Zentimeter weichen wollten. Und endlich sah er ihn, keine fünf Meter entfernt, das Gesicht im grellen Stroboskopgewitter zu einer grinsenden Fratze verzerrt. Neben ihm tanzte eng umschlungen ein Paar, völlig versunken in seiner eigenen Welt.

Im selben Moment, in dem das Messer blitzte, schrie Maik, doch seine Stimme ging unter in der alles übertönenden Musik. Sich wild bewegende Körper versperrten ihm den Weg und so blieb ihm nur, hilflos mit anzusehen, wie Ben der Frau das Messer in die Seite stieß, einmal, zweimal, dreimal. Ihr Körper zuckte, sank schließlich kraftlos in die Arme ihres Freundes, der noch gar nicht verstand, was gerade passiert war. Als wüsste Ben, dass Maik ihn beobachtete, wandte er ihm nun das Gesicht zu, sah ihm direkt in die Augen – und lächelte.

Maiks Sicht verschwamm, er bekam keine Luft mehr. Keuchend wankte er Richtung Ausgang, musste hier raus. Sein Kopf dröhnte, er konnte keinen klaren Gedanken mehr fassen.

Als er durch die schwere Eingangstür in die kalte Nachtluft trat, erklangen hinter ihm die ersten entsetzten Schreie, übertönten sogar das stetige Wummern der Boxen.

Dann fiel die Tür zu und der Lärm erstarb. Auch in Maiks Kopf wurde es still; still und dunkel, während seine Beine sich automatisch immer weiterbewegten.

Erst vor seiner Wohnungstür kam Maik wieder zu sich. Aufgelöst kramte er nach seinem Schlüssel, atmete noch immer schwer. Gemeinsam mit einem Zettel fiel der Schlüsselbund aus seiner Jackentasche. Schwankend bückte sich Maik, um beides aufzuheben. *Termin Psychologe, Dienstag 16 Uhr.* Das war heute, aber Maik konnte sich weder an den Zettel noch an einen Termin erinnern. Zeit, um zu grübeln, blieb ihm allerdings nicht, denn nun fiel sein Blick auf seine Hände. Seine *blutigen* Hände.

Erneuter Schwindel ergriff ihn, während er einem ersten Impuls folgend panisch versuchte, das bereits geronnene Blut an seiner Hose abzuwischen. Woher stammte es? Wieso konnte er sich nicht erinnern?

Nach mehreren Anläufen schafften seine zitternden Finger es endlich, die Tür aufzuschließen. Sofort stürzte er ins dunkle Badezimmer, das lediglich vom Licht der vor dem Fenster stehenden Straßenlaterne erhellt wurde.

Er drehte das Wasser auf, schrubbte, so fest er konnte, an seinen Händen herum, musste würgen, als ihm der metallische Geruch des Blutes in die Nase stieg.

Der Raum drehte sich und verzweifelt klammerte Maik sich am Waschbecken fest, hinterließ rote Abdrücke. Auf der Suche nach einem Tuch streifte sein Blick den Spiegel, und plötzlich stand die Welt still.

Ben.

Ben starrte ihm entgegen, mit demselben panischen, fassungslosen, erschütterten Blick, der sich auch auf Maiks Gesicht abzeichnen musste, die braunen Augen weit aufgerissen. Aber plötzlich entspannte sich Bens Miene, und im selben Moment überkam auch Maik eine eigenartige Ruhe.

*Du bist schuld.*

Schuld? Schuld woran? Er hatte nichts getan!

*Du bist schuld.*

Verzweifelt wendete Maik seinen Blick vom Spiegel, atmete tief durch. Wieso ließ Ben ihn nicht einfach in Ruhe? Gab er etwa ihm die Schuld an dem Unfall? *Er* hatte doch all diese Menschen verletzt! *Er* hatte die junge Frau in dem Club erstochen! Und *er* war derjenige, der das Auto gegen den Baum gefahren hatte!

Das Auto ... Wieder kratzte etwas an Maiks Erinnerungen, drängte an die Oberfläche. Automatisch lenkten ihn seine Schritte in sein Zimmer. Im spärlichen Licht der Straße betrachtete er erneut das Unfallfoto, den verunglückten Wagen, dessen rechte Seite durch den Aufprall gegen den Baum völlig zerstört war. Er stutzte. Die rechte Seite? Aber wieso war Maik dann am Leben und Ben tot, wenn dieser gefahren war?

Ein so heftiger, stechender Schmerz flammte plötzlich in Maiks Kopf auf, dass er in die Knie ging. Die Fäuste an die Schläfen gepresst, schloss er stöhnend die Augen.

*Du bist schuld.*


Es war bereits dunkel, als sie sich nach dem wöchentlichen Großeinkauf auf den Heimweg machten. Die Stimmung zwischen ihnen war angespannt, seit Maik Ben am Morgen eröffnet hatte, dass Anna und er nun offiziell ein Paar waren. Der Scheibenwischer quietschte in der drückenden Stille, und Ben beobachtete aus dem Augenwinkel, wie Maik unwohl auf seinem Sitz hin und her rutschte.

»Wieso hast du das getan?«, fragte er unvermittelt.

»Was?«, erkundigte sich Maik vorsichtig.

»Das weißt du ganz genau!« Bens Stimme wurde lauter.

Maik seufzte. »Es ist einfach so passiert. Wir haben uns eben verliebt.«

Ben lachte auf. »Einfach so«, wiederholte er. »Du hast sie mir weggenommen!«

»Bitte was? Anna gehört dir doch nicht!« Nun klang auch Maik gereizt, woraufhin Ben ihm den Blick zuwandte. Maik, der gut aussehende Sunnyboy mit den blauen Augen und dem gewinnenden Lächeln, blond, groß, sportlich, und damit das exakte Gegenteil von dem zynischen, sarkastischen Ben.

Dennoch, oder gerade deshalb, waren die beiden seit der Schulzeit eng befreundet. Gleichwohl litt Ben immer darunter, dass er stets nur Maiks Begleitung war, der witzige Kumpel von dem beliebten Kerl, der seine wahren Gefühle unablässig hinter einem ironischen Spruch verbarg. Trotzdem blieb er immer an Maiks Seite, sah gegen seinen

Willen zu ihm auf, bewunderte ihn, seine Art, sein Leben, und genoss es, durch diese Freundschaft ein wenig zu sein wie er. Nun war Maik allerdings zu weit gegangen.

»Du *wusstest*, dass ich sie mag!«, schrie Ben aufgebracht. »Und dann hast du sie dir genommen. Dabei könntest du jede haben!«

Verblüfft und zunehmend verärgert sah Maik ihn an. »Das habe ich doch nicht mit Absicht getan!«

»Natürlich nicht«, höhnte Ben, während er nur noch flüchtige Blicke auf die Straße warf, nicht bemerkte, wie das Auto beschleunigte. »Denn du kannst ja nie etwas dafür. Der tolle, perfekte Maik macht keine Fehler!« Die letzten Worte spuckte er förmlich aus.

Auf Maiks Gesicht breitete sich Fassungslosigkeit aus. Er wollte etwas erwidern, wurde dabei von einem plötzlichen Ruck unterbrochen, als der Wagen auf den Seitenstreifen geriet und Ben gerade noch gegenlenken konnte.

»Scheiße, Ben, komm mal wieder runter!«, schrie er ihn an. »Und gib mir nicht die Schuld, wenn du dein Leben nicht auf die Reihe kriegst!«

Aber es *war* Maiks Schuld, da war Ben sich mit einem Mal völlig sicher.

Wieso hatte er das nicht schon früher erkannt? Immer war Maik schneller, besser, toller! Wie oft stand Ben brav an der Seite, in der Hoffnung, von ihm zu lernen, etwas von seinem Glanz abzubekommen, hatte sich vorgestellt, wie es wäre, mit ihm zu tauschen, Maiks Leben zu leben. Nun wollte er einfach nur noch, dass er verschwand! Für immer.

Wie von selbst drückte Bens Fuß das Gaspedal durch. Das Auto schoss nach vorne, während er unverwandt den Blick auf Maiks so perfektes Gesicht richtete, in dem sich nun eine Mischung aus Verwirrung, Wut, aber vor allem Angst spiegelte.

»Ben, verdammt, fahr langsamer!«

Doch Ben fuhr nicht langsamer. Im Licht der Scheinwerfer tauchte in der nächsten Kurve ein Baum auf, zog ihn magisch an. Auch Maik sah den Baum heranrasen.

*»Ben, schau auf die Straße!«*

Verzweifelt versuchte er, Ben ins Lenkrad zu greifen, doch es war zu spät. Mit voller Wucht donnerte das Fahrzeug gegen den massiven Stamm, Metall knirschte und kreischte unter den gewaltigen Kräften, die auf es einwirkten, es verbogen, als wäre es Papier. Der Sicherheitsgurt schnitt Ben ins Fleisch, raubte ihm den Atem, bevor der auslösende Airbag ihn zurück in den Sitz schleuderte. Benommen blieb er reglos sitzen, während das Plastik knackte, vor der geborstenen Windschutzscheibe zischend Dampf aufstieg und der Regen gleichmäßig aufs Dach trommelte. Minutenlang wartete Ben auf die Schmerzen und als keine kamen, drehte er endlich den Kopf nach rechts. Maiks aufgerissene, leblose blaue Augen starrten ihn anklagend an. Bens Wunsch war in Erfüllung gegangen.

*Was hast du getan?*

Benommen blinzelte er in die Dunkelheit, wusste für einen Moment nicht, wo er war. Erst als er seinen Kopf bewegte, merkte er, dass er auf dem Boden lag. Dumpf pochte der Schmerz hinter seinen Schläfen, während er sich langsam aufrichtete und gegen die Übelkeit ankämpfte. Seine über den Boden gleitende Hand berührte etwas und er hob es auf, betrachtete es. Das Foto eines zerstörten Fahrzeugs. Der Unfall…

Bruchstückhaft kehrten die Erinnerungen zurück, und mit ihnen Gefühle, die ihn verwirrten. Trauer und Schuld, so viel Wut und all dieser *Hass*. War er deshalb zuvor aus der Wohnung geflüchtet? Er erinnerte sich an die Bar, das Bier, den Whisky, und dann – nichts.

»Hallo?« Eine leise, zögerliche Frauenstimme, vorsichtige Schritte, die sich näherten.

Anna! Sie war zu ihm zurückgekehrt. Unendliche Erleichterung durchströmte ihn, Liebe verdrängte all die negativen Gefühle. Wenn Anna bei ihm war, würde alles gut werden.

Unsicher betrat sie das dunkle Zimmer, sah ihn am Boden sitzen.

»Was ist passiert? Ich bin noch mal zurückgefahren, weil ich etwas vergessen habe, und die Wohnungstür war offen …«

Stumm betrachtete er sie, wie sie vor ihm stand, eine Tasche in der einen, einen Zettel in der anderen Hand, das lange Haar ungekämmt, das Gesicht blass. Dennoch war sie auch in ihrer Trauer wunderschön. Seine große Liebe. Lächelnd erhob er sich und Anna wich zurück, hielt ihm beinahe vorwurfsvoll das Stück Papier hin.

»Warst du bei deinem Termin?«

Termin? Er wusste von keinem Termin, auch wenn der Zettel ihn dumpf an etwas erinnerte. Doch das war jetzt egal, denn Anna war hier, bei ihm. Er berührte ihre Hand, und Anna zog ihre erschrocken zurück, den Blick weiterhin auf seine gerichtet.

»Ist das … Blut?«, fragte sie, sah ihn aus schreckgeweiteten Augen an.

Er lächelte noch immer, wusste selbst nicht, woher das Blut kam, wollte Anna beruhigen, indem er sie umarmte. Zu seiner Überraschung stieß diese ihn weg, bewegte sich auf die Zimmertür zu. Aber er konnte nicht zulassen, dass sie wieder ging, konnte sie nicht verlieren, jetzt, da sie endlich bei ihm war. Er schnitt ihr den Weg ab und stellte sich in den Türrahmen, woraufhin seine Freundin in der Mitte des Zimmers erstarrte. Er verstand nicht, wieso sie Angst hatte, wollte ihr helfen.

»Anna, alles wird gut. Wir haben immer noch uns, zusammen überstehen wir das alles.«

Ihre Augen füllten sich mit Tränen, während sie pausenlos den Kopf schüttelte. »Du musst damit aufhören ...«, flüsterte sie.

Langsam ging er auf sie zu, wollte ihr doch nur nahe sein. Zitternd wich sie zurück, bis sie an das Fenster stieß. Wie von selbst fuhren seine Finger in seine Hosentasche, fühlten kühles Metall, und zogen den Gegenstand heraus.

»Anna, alles wird gut.«

Ihr verängstigter Blick blieb abermals an seiner Hand hängen. Sie riss die Augen auf, woraufhin er verwundert seinen Arm hob.

Ein Klappmesser.

Für einen Moment betrachtete er es verwirrt, bevor er weiter auf Anna zuging.

»Ben, bitte hör auf, du machst mir Angst!«, schluchzte sie.

Ben. Wieso nannte sie ihn so? Dieser Name löste etwas in ihm aus, Schwindel überkam ihn, da war wieder diese kalte Wut, und so viel Schuld, aber all das wollte er nicht fühlen, konzentrierte sich stattdessen auf Annas wunderschönes Gesicht. Das, was er für sie empfand, war so viel stärker als alle anderen Emotionen. Er war Maik. Er liebte Anna. Anna liebte ihn. Und Ben war tot.

Endlich war er bei ihr, doch sie schlug nach ihm, schrie ihn an, nannte ihn Ben, immer wieder Ben, und er wollte, dass sie damit aufhörte, wollte nur endlich glücklich sein.

»Anna, es wird alles gut, ich verspreche es«, sagte er sanft, bevor er beinahe liebevoll die Klinge aufschnappen ließ. »Du und ich, wir werden zusammen sein. Für immer.«

# Irrlichter

# Irrlichter

Die Schritte der jungen Frau klangen dumpf auf dem Asphalt der Straße. Die Neonleuchten und Reklametafeln der Stadt hatten den Sternenhimmel ausgelöscht, ihn in weite Ferne gerückt. Die Nacht war voller Irrlichter.

Auf eines davon hielt sie gerade zu. Es war ihr strahlendes Leuchtfeuer am Horizont, ihr Fixstern, der sie blind für alle anderen Verlockungen in der Dunkelheit machte.

Ihre Sehnsucht ging stumm neben ihr her – das einzige Gefühl, das übrig geblieben war, der Rest war längst in der Finsternis vergangen. Vielleicht ging es ihr besser, als sie mehr gespürt hatte, doch sie erinnerte sich schon lange nicht mehr daran.

Die grellen Lichter erhellten die Gestalten, die an beiden Seiten der Straße standen und warteten. Sie brauchte sie nicht anzusehen, um ihre Blicke zu erkennen. Auch ihre Gefühle waren ausradiert worden. Es hatte eine Zeit gegeben, in der sie viele der Wartenden gekannt hatte. Die Zeit und das Gift hatten ihre Gesichter längst verblassen lassen.

Vereinzelt hielt ein Auto an und eine der Gestalten beugte sich zu dem geöffneten Fenster hinunter. Stieg ein, wenn sie sich mit dem Insassen einig wurde. Sie kannte das. Auch sie hatte das schon getan. Bis zuletzt.

Doch heute führte sie ihr Weg weiter, direkt auf ihr Leuchtfeuer zu. Sie beschleunigte die Schritte immer mehr, je näher sie ihrem Ziel kam.

Für andere strahlte es nicht so hell wie für sie. Im Gegenteil, es wirkte nicht viel anders als die übrigen Schemen in der Dunkelheit, eng an eine der Hauswände geschmiegt, die Schutz gewährten. In der Nähe wummerten die Bässe eines Nachtclubs schneller als ihr Herzschlag, der ebenfalls zu einem Stakkato ansetzte.

Ihre Sehnsucht griff nach ihr, packte sie bei den Schultern.

Es hatten sich bereits einige andere Gestalten ihrem Leuchtfeuer genähert, sie hörte sie mit gedämpften Stimmen sprechen. Sie wartete. Noch ein bisschen. Ein wenig Geduld. Dann wäre sie wieder ganz.

»Joanna?«

Die Stimme ließ sie herumfahren. Sie war vertraut und brachte die Erinnerung an Gefühle mit, die anders waren als Sehnsucht. Und auch der Mann, die hinter ihr aufgetaucht war, unterschied sich von den übrigen Schemen hier. Er kam auf sie zu, zögernd, mit erhobenen Händen, als wäre sie ein verschrecktes Tier.

»Pete.« Ihre Zunge erinnerte sich an seinen Namen, bevor ihre Gedanken es taten. »Was machst du hier?«

Er blieb einige Schritte auf Abstand, doch die erhobenen Hände senkten sich langsam in die Taschen seines übergroßen Pullovers. »Das Gleiche könnte ich dich fragen.«

Er musste die Antwort auf seine unausgesprochene Frage kennen, also lächelte sie nur traurig. »Ich dachte, du bist weg davon. Von all dem hier. Deswegen solltest du wahrscheinlich nicht da sein.«

Er kam noch einen vorsichtigen Schritt näher. »Ich bin auch weg. Und zwar für immer, das weiß ich. Das ist der Grund, aus dem ich hier sein kann.«

Es war eine alte Geschichte, die er erzählte. Sie kannte sie in- und auswendig, denn auch sie selbst hatte sie sich einige Male erzählt. Die Geschichte von Sicherheit, von Freiheit und Stärke. Man redete sich ein, dass man stark genug sei, um die Sehnsucht zu bezwingen. Also kam man nur noch ein Mal zurück, um ihr ein letztes Mal nachzugeben.

Doch das letzte Mal war nur das nächste Mal in einer langen Reihe, die nicht abriss bis zum Ende. Sie kannte diese Geschichte, und er tat es auch. »Sicher«, erwiderte sie. »Gut für dich.«

Der Griff ihrer Sehnsucht verstärkte sich beim bloßen Gedanken an sie und zwang sie dazu, einen Blick über die Schulter zu werfen. Die Gestalten, die sich ihrem Leuchtfeuer genähert hatten, verabschiedeten sich gerade. Jetzt war sie an der Reihe.

»Es ist nicht so, wie du denkst«, sagte Pete. Etwas in seiner Stimme brachte ihre Aufmerksamkeit zu ihm zurück, auch wenn ihre Sehnsucht sich dagegen sträubte. »Ich bin diesmal wirklich weg. Schon länger.«

Sie schwieg für einen Moment, schlang die Arme um ihren zitternden Körper. Das Zittern begann immer schleichend und wurde plötzlich so übermächtig, dass sie nicht mehr dagegen ankämpfen konnte. Es war die Sehnsucht, die es verursachte. Sie duldete keine anderen Irrlichter neben sich.

»Dann ist es wirklich gut für dich.« Ihre Zähne klapperten, als sie sprach. »Und du solltest zusehen, dass du verschwindest.« Damit wandte sie sich ab. Der Schemen an der Wand, der ihr Leuchtfeuer war, sah sie abwartend an. Sie kannte diesen Blick, sie konnte ihn nicht ausstehen. Doch die Sehnsucht machte ihn erträglich.

»Es gibt einen Grund, aus dem ich hier bin.« Petes Stimme war lauter geworden. Sie brachte die Krallen der Sehnsucht dazu, sich zu lockern. »Und du bist einer davon, Joanna. Wir sind gemeinsam in diese Sache gerutscht. Ich habe es herausgeschafft, warum also nicht du auch? Ich kann dir helfen.«

Eine Welle von vergessen geglaubten Gefühlen schwappte über sie hinweg und brachte Erinnerungen mit sich. Nicht weit von hier hatten sie sich kennengelernt.

Sie selbst war damals sehr jung und unerfahren gewesen, ihre Welt voller Gefühle und Hoffnungen. Er dagegen hatte bereits Bekanntschaft mit der Sehnsucht gemacht, von der er jetzt angeblich frei sei. Er hatte sich in den Kreisen bewegt, die später zu ihren geworden waren. In den Kreisen, in denen man ohne einen Schuss Heroin nicht mehr zurechtkam.

Pete war lange dabei gewesen. Es hatte seinen Körper gezeichnet, auch wenn seine Augen heute wieder strahlten. Sie waren der einzige Hinweis darauf, dass er die Wahrheit sprach. Als sie sich kennengelernt hatten, hatte sie noch einen schwachen Schein dieses Funkelns erahnen können, das ihn vor der Sucht ausgemacht hatte. Aus diesem Grund hatte sie sich in ihn verliebt.

Sie wünschte, sie könnte sich richtig an dieses Gefühl erinnern, aber jetzt gab es nur noch die Sehnsucht und deren Krallen, die sich immer tiefer in ihr Fleisch gruben. Sie musste weiter, musste zu ihrem

Leuchtfeuer. Doch Petes Blick hielt sie fest und seine drängende Stimme ließ ihre Gedanken durcheinanderwirbeln.

»Ich weiß, dass wir uns aus den Augen verloren haben, Jo. Aber ich kenne eine gute Entzugsklinik und du kannst es auch schaffen. Mit meiner Unterstützung ...«

Sie spürte, wie ihr die Tränen kamen. Dann erst traf sie eine leise Traurigkeit, die sie für einen Moment von ihrer Sehnsucht ablenkte.

»Ich kann das nicht«, flüsterte sie. Und damit wandte sie sich erneut ab. Sehnsucht war besser als Trauer.

»Warte!«, rief Pete ihr hinterher. »Ich habe nach dir gesucht!«

Am liebsten hätte sie sich die Ohren zugehalten. Stattdessen folgte sie dem Sog ihres Leuchtfeuers und ließ Pete hinter sich zurück.

Der Schemen an der Wand löste sich aus der Dunkelheit, und die Lichter enthüllten ein blasses Gesicht mit hellen Brauen und gefühllosen Augen. Sie war oft bei diesem Mann gewesen. Auch das letzte Mal.

»Hast du was für mich?« Sie wusste nicht, ob sie selbst sprach oder ob es die Sehnsucht war, die ihr die Worte in den Mund legte.

»Natürlich, Schätzchen«, erwiderte der Mann. »Wenn du auch was für mich hast.«

Seine Hände steckten in seinen Taschen und sie vernahm leises Knistern von Plastik und Aluminiumfolie. Sie setzte ein Lächeln auf. »Weißt du, ich bin vollkommen abgebrannt.«

»Kein Glück bei den Freiern, Süße? Das kann ich mir gar nicht vorstellen.« Sein Blick wanderte über ihren Körper und blieb dann wieder an ihrem Gesicht hängen.

Ein Zittern durchlief sie, und alles in ihr schrie danach, wegzulaufen, doch ihre Sehnsucht war zu stark. Sie zwang sie dazu, stehen zu bleiben. Sie würde sie dazu bringen, zu betteln und sich in den Staub zu werfen. Und zu mehr. »Bitte ...«

»Ohne Kohle geht nichts. Zisch ab.«

»Jo!« Petes Stimme ließ einen Schauer über ihren Rücken laufen. Sie hatte gehofft, er würde zurückbleiben, stattdessen war er ihr gefolgt. Und er musste ihr Gespräch mitbekommen haben. »Komm schon. Lass uns von hier verschwinden.«

Der Mann mit den blassen Augen lächelte ein eisiges Lächeln. »Ist das dein Freund, Jo?«

Sie schüttelte hastig den Kopf. »Nein, er ist niemand. Ich kenne ihn kaum.« Diesmal war sie sich sicher, dass die Worte von ihrer Sehnsucht kamen. Sie selbst hätte niemals so über Pete gesprochen. »Bitte, ich mache alles. Alles, was du willst. Gib mir nur etwas.«

Ihr Gegenüber lächelte. »Weißt du, die Nacht ist fast vorbei. Du kannst mit zu mir gehen und wir schauen, ob ich noch etwas für dich habe.«

Sie nickte hastig. »Ja, lass uns gehen.«

Jemand packte sie am Arm und zog sie zur Seite. »Den Teufel werdet ihr«, knurrte Pete. »Ich kenne diesen Typ, Jo. Er hat einen furchtbaren Ruf. Ich kann nicht zulassen, dass du mit ihm gehst.«

Er hatte recht mit dem, was er sagte. Die Irrlichter waren nicht das Schlimmste, was in der Dunkelheit lauerte. Es gab weitaus schlimmere Monster hier. Sie sah ihn stumm an. Seine strahlenden Augen erinnerten sie an das Irrlicht, das er vor langer Zeit für sie gewesen war.

Pete senkte die Stimme, sodass nur sie ihn hören konnte. »Ich habe die ganze Zeit nach dir gesucht, seit ich draußen bin, Jo. Und als ich dich nicht finden konnte, dachte ich ... Ich dachte, du wärst tot. Das war die schlimmste Angst meines Lebens. Weil du damals nur wegen mir abgerutscht bist.«

Sie wusste nicht, ob seine Worte wirklich der Wahrheit entsprachen. Er war da gewesen, als sie das erste Mal Heroin genommen hatte. Aber sie hatte die Entscheidung getroffen, nicht er. »Du bist nicht schuld daran.«

Er schüttelte den Kopf. »Jo, wenn du mit ihm mitgehst, wird er ... angeblich sind in letzter Zeit einige Mädchen gestorben. Ich habe ihn im Verdacht, etwas damit zu tun zu haben.«

Pete hielt sie nicht fest und sie fühlte die Fänge ihrer Sehnsucht, die sie von ihm wegdrängten, zurück zu dem Mann mit den blassen Augen. Dagegen vermochten seine Worte nichts auszurichten. Es war zu spät, die Sehnsucht zu stark.

»Ich kann nicht anders.«

»Bitte, Jo. Bitte, geh nicht mit ihm! Ich habe dich gerade erst wiedergefunden. Wenn ich mich retten konnte, kannst du das auch.«

Diesmal traf die Trauer sie mit der Wucht einer Abrissbirne. Sie wollte ihm sagen, dass er sich irrte. Dass sie sich wünschte, er wäre früher hier gewesen. Stattdessen hob sie die Hand und legte sie an seine Wange. »Du solltest gehen, Pete. Verschwinde und achte nicht auf die Irrlichter. Ich wünschte, ich könnte mit dir kommen, aber das ist nicht möglich.«

Mit diesen Worten wandte sie sich ab und griff nach dem Arm des anderen Mannes, der Pete ein höhnisches Grinsen zuwarf. »Sie sind alle gleich, Bruder. Das weiße Pulver ist stärker als die Liebe.«

Er wandte sich ab und sie ließ sich mitziehen, von ihm und ihrer Sehnsucht, doch die Trauer war noch immer in ihrem Herzen. Sie wünschte, Pete wäre heute nicht hier gewesen. Sie wünschte, er wäre beim letzten Mal hier gewesen. Und sie hoffte, er würde diesmal nicht folgen.

Gemeinsam mit ihrem Leuchtfeuer lief sie durch die Dunkelheit. Ihre Sehnsucht ging nun wieder neben ihr her, jetzt stumm und zufrieden, weil sie ihrem Zwang gefolgt war. Sie würde bekommen, wonach es ihr verlangte.

Ihr Weg führte sie über eine Brücke, dahinter lag das Ziel, das der Mann mit den blassen Augen ansteuerte. Das wusste sie schon. Sie war schon einmal hier gewesen. Sie war den Weg bereits einmal mit diesem Mann entlanggegangen. Auch damals hatte die Sehnsucht sie begleitet, allerdings eine andere.

Die heutige ließ sie in der Mitte der Brücke stehen bleiben. Ihr Begleiter wandte sich ihr zu. »Was ist? Willst du nicht mehr meinen Stoff oder was?«

Sie schüttelte den Kopf. »Wir waren schon einmal hier. Ich bin mit dir über die Brücke gegangen, zu deiner Wohnung.«

Der Mann grinste. »Dann hat es dir so gut gefallen, dass du noch eine Runde willst?«

Sie achtete nicht auf seine Worte. »Wir waren in der Wohnung nicht alleine. Deine Freunde waren auch da.«

Diesmal schwieg er. Erinnerte er sich? Ihre eigenen Erinnerungen an diese Nacht waren verschwommen, was nur gnädig war.

»Ich bin mit dir über die Brücke gegangen, aber als ich zurückkam, habe ich die andere Seite nie erreicht. Ich habe geblutet, doch daran lag es nicht.« Sie deutete auf das Geländer. »Ich wollte nicht mehr zurück. Ich wollte nicht mehr.«

Sein Gesicht erstarrte. Erkannte er sie endlich? Erkannte er, dass sie nur seinetwegen aus dem stillen dunklen Reich hinter dem Schleier wiedergekehrt war? Ihre Sehnsucht hatte nicht nach dem Gift gerufen, das er verkaufte. Nicht dieses Mal.

Sie hatte nach seinem Herzschlag gerufen, der Tatsache, dass er atmete, während ihre Atemzüge längst verstummt waren. Sie sehnte sich danach, auch die seinen zu stoppen. Sein Herz zum Stillstand zu bringen. Er sollte gehen, wie sie gegangen war.

»Jetzt ist es an der Zeit für dich.« Nun hörte man ihrer Stimme an, dass sie vom Wasser des Flusses aufgeweicht worden war. Und ihre Hand, die sie an seine Wange legte, war aufgeschwemmt, gezeichnet von Steinen und dem Schlamm des Ufers.

Das Entsetzen in seinem Blick währte nur kurz. Als sie ihn berührte, war sie mit einem Mal frei von Sehnsucht, denn sie hatte sie auf ihn übertragen. Die Sehnsucht nach dem dunklen Wasser. Die Sehnsucht danach, den Tod dem Leben vorzuziehen.

Sie sah, wie der Funke in seinen blassen Augen erlosch, als er sich von ihr abwandte und mit hölzernen Schritten zum Geländer der Brücke ging. Es waren nicht seine eigenen Bewegungen, sondern die Sehnsucht, die ihn in die Richtung des dunklen Wassers zerrte. Eine Sehnsucht, die ihn so plötzlich ergriffen hatte wie sie damals. Mechanisch zog er sich am Geländer hoch. Für einen langen Atemzug stand er darauf. Sie erinnerte sich, wie sie selbst dort gestanden hatte. Noch immer blutend, mit Tränen auf dem Gesicht. In dem Wissen, dass sie das Leben keinen weiteren Herzschlag länger ertragen konnte.

Und dann fiel der Mann mit den blassen Augen, so wie sie damals gefallen war.

Sie folgte ihm gemächlich, starrte hinab auf das finstere Wasser, das seinen Körper verschlungen hatte.

Es würde ihn wieder ausspucken, so wie es ihren ausgespuckt hatte: aufgequollen und zerschlagen, angespült auf den Steinen, an denen das schmutzige Wasser leckte.

Sie sah zur Seite. Am Ende der Brücke erkannte sie eine Gestalt, die ihnen vom Nachtclub her gefolgt sein musste. Pete, schon wieder zu spät. Jetzt, da sie die Sehnsucht verlassen hatte, nahm sie die Trauer stärker wahr. Sie wäre gern zu ihm gegangen, doch sie hatte nicht gelogen. Sie war nicht mehr zu retten.

Sie wandte den Blick ab, die Augen von Tränen erfüllt. Die Dämmerung war noch immer voller Irrlichter. Sie selbst war eines davon. Mit der Helligkeit würde sie vergehen wie der Rest von ihnen.

# Leandra

# Leandra

Endlich wieder eine Übernachtung bei Oma. Marilena freute sich unbändig. Schließlich wurde sie bei Oma Theresa rundum verwöhnt. Oma erlaubte Dinge, die Marilenas Eltern niemals zulassen würden. Zum Beispiel durfte sie Netflix gucken, so lange sie wollte. Und sie durfte auch am Abend noch Süßkram essen. Außerdem kochte Oma Theresa Marilenas Lieblingsgerichte.

Die Fahrt hatte höchstens dreißig Minuten gedauert, doch Marilenas Ungeduld hatte die Zeit ins Unendliche gedehnt. Sie sprang aus dem Auto und umarmte stürmisch ihre Oma, die bereits im Vorgarten auf sie wartete.

»Na, na, mein Mädel. Du wirfst mich noch um«, dämpfte Oma die überschwängliche Begrüßung, doch Marilena sah ihr an, dass sie sich genauso freute wie sie selbst. Als die Eltern sich verabschiedet hatten, konnte Marilena es kaum erwarten, zum ersten Mal das Haus zu sehen, in dem Oma nun seit fast einem Jahr wohnte. Uralt sollte es sein. Omas Urgroßvater hatte es gebaut. Einige Jahre hatte es jemand anderem gehört, warum, das wusste Marilena nicht. Jetzt aber wohnte Oma Theresa wieder darin und schien sehr glücklich darüber zu sein. Marilena konnte es verstehen. Omas neues Domizil war der Wahnsinn. Es hatte große Räume, einen Kamin im Wohnzimmer und einen ausgebauten Dachstuhl, in dem vorübergehend die alten Möbel gelagert waren. Später sollte daraus eine Bibliothek werden. Oma hatte unfassbar viele Bücher.

»Irgendwann wird das alles dir gehören«, sagte Oma Theresa immer wieder.

Marilena hatte es damit nicht eilig. Erst einmal wollte sie die leckeren Spaghetti Bolognese essen, die Oma für sie gekocht hatte. Danach gab es noch eine extragroße Portion Schokopudding mit Sahne, bevor sie sich satt und zufrieden auf die Couch rollte, um ihre Lieblingsserie zu gucken. So etwas durfte sie nur bei Oma. Mama und Papa hätten sie bei dem tollen Wetter schon längst rausgeschickt, um »frische Luft zu schnappen« und sich »etwas zu bewegen«.

Irgendwann musste Marilena eingeschlafen sein. Ein Druck auf ihrer Brust und plötzlich aufkommende Atemnot rissen sie aus dem Schlummer. Noch im Halbschlaf versuchte sie sich aufzusetzen. Doch etwas drückte sie nieder. Sie konnte sich nicht bewegen. Ihr Puls beschleunigte sich. Ihr Atem ging flach. Was war hier los? Panisch riss Marilena die Lider auf und starrte in ein Paar leuchtend grüner Katzenaugen.

»Gismo! Geh weg da! Du kannst das Mädel doch nicht so erschrecken!«

Der laute Ruf ließ Marilena zusammenzucken. Ängstlich sprang Gismo von ihr herunter. Sofort linderte sich das beklemmende Gefühl. Sie atmete durch und setzte sich auf. Gismo bedachte sie mit einem beleidigten Blick und verließ hocherhobenen Hauptes den

Raum. Erst langsam kam Marilenas schlaftrunkener Verstand zu sich.

»Du hast eine Katze?«

»Einen Kater«, korrigierte Oma Theresa. »Und du besetzt seinen Lieblingsplatz«, fügte sie schmunzelnd hinzu.

Marilena rieb sich das Gesicht, dann sah sie zum Fenster. Inzwischen war es dunkel geworden.

»Was machen wir heute noch?«, fragte sie gähnend.

»Geschichtennacht?«, schlug Oma Theresa mit einem Zwinkern vor.

»Au ja!«, jubelte Marilena.

Sie liebte die Geschichtennächte mit ihrer Oma. So etwas hatten sie schon gemacht, als Marilena noch ganz klein gewesen war. Damals hatte Oma Märchen von verzauberten Prinzen und Prinzessinnen erzählt. Doch die Geschichten waren mit Marilena mitgewachsen und mit ihren zwölf Jahren hatte sie ein Faible für Gruselgeschichten.

Schnell schlüpfte sie in ihren Schlafanzug, schnappte sich eine Tüte Chips und eine Flasche Limo und sprang zu Oma, die mit Nachthemd und Nachthaube plötzlich um ein Jahrzehnt gealtert wirkte, ins Bett. Chips und Limo im Bett gab es zu Hause natürlich auch nicht.

*Bei Oma ist es einfach am besten,* dachte Marilena und streckte ihre Beine unter das warme Federbett.

Oma löschte das Licht, strahlte ihr Gesicht mit einer Taschenlampe an, dass es unheimliche Schatten warf, und begann zu erzählen: »Heute habe ich eine ganz besonders gruselige Geschichte für dich.« Dabei sprach sie mit tiefer Stimme. »Und diese Geschichte ist deshalb so gruselig, weil sie wahr ist.«

Marilena kicherte. Für sie war Oma Theresa zwar schon uralt, doch keine andere Oma, die sie kannte, war noch für so einen Spaß zu haben.

»Du weißt, dass ich in diesem Haus aufgewachsen bin«, fuhr Oma fort und Marilena nickte.

»Du weißt aber nicht, dass ich einmal eine Schwester hatte.«

Jetzt war Marilena ehrlich überrascht. Stimmte das wirklich? Mama hatte ihr nie davon erzählt. Das hätte sie doch mal erwähnen müssen.

»Du kannst das gar nicht wissen, weil niemand, außer mir, sich noch an sie erinnert. Deine Mutter hat nicht einmal eine Ahnung, dass es sie je gab«, erzählte Oma Theresa weiter, als hätte sie Marilenas Gedanken gelesen.

Die kicherte jetzt nicht mehr. Sie sah ihre Oma mit großen Augen an und wagte kaum zu atmen.

Oma hatte es wieder einmal fertiggebracht, die perfekte Atmosphäre für ihre Geschichte zu schaffen. Eine undefinierbare Spannung lag in der Luft. Die Schatten an der Wand schienen sich selbstständig zu bewegen und schon das leiseste Geräusch dröhnte in den Ohren.

Vor lauter Aufregung vergaß Marilena sogar, ihre Chips zu essen, und konnte es kaum erwarten, Omas Geschichte zu hören.

Deren Stimme war nun kaum mehr als ein heiseres Flüstern und Marilena musste sich anstrengen, um jedes Wort zu verstehen.

»Leandra. Das war der Name meiner Schwester. Er bedeutet ›Frau des Volkes‹ und passte so gut zu ihr. Sie war hübsch, immer fröhlich, wusste sich zu benehmen und war vor allem klug. Sie war vier Jahre älter als ich, und ich bewunderte sie sehr. Bei Leandra fühlte ich mich immer wie jemand ganz Besonderes. Ich glaube, so ging es allen in ihrer Nähe.«

Oma Theresa schwieg verträumt, ehe sie fortfuhr: »Eines Tages passierte etwas Schreckliches. Ich wusste damals nicht genau, was es war. Ich war erst sechs und meine Eltern redeten niemals darüber. Ich weiß nur, dass Leandra viel später als üblich von der Schule nach Hause kam. Sie war blutverschmiert und völlig apathisch. Meine Eltern ließen sofort einen Arzt kommen. Was er feststellte, sagten sie mir nicht. Ab diesem Tag war Leandra nicht mehr dieselbe. Erst dachten meine Eltern, sie müsse sich bloß von dem Schock erholen und sei bald wieder die Alte. Aber ihr Zustand änderte sich nicht. Monate vergingen. Die sichtbaren Wunden waren längst verheilt, doch Leandra verhielt sich immer unheimlicher. Sie sprach nicht mehr. Kein Wort. Nur manchmal fing sie plötzlich an zu lachen. Ein ganz grausiges, schrilles Lachen, das mich jedes Mal fast zu Tode erschreckte.«

Oma erschauderte bei der Erinnerung daran.

»Und nachts hörte ich sie oft schreien«, fuhr sie flüsternd fort. »Wie eine Wahnsinnige schrie sie, bis sie heiser war und einschlief. Meine Eltern und ich machten uns fürchterliche Sorgen und wir vermissten unsere fröhliche Leandra. Verschiedene Ärzte kamen und gingen, verabreichten ihr Pillen, Pülverchen und Spritzen; nichts davon half. Zwei Jahre ging das so. Meine Eltern gaben Leandra natürlich nicht auf und in ihrer Verzweiflung holten sie einen Priester. Dabei waren sie nicht einmal religiös. Wir besaßen kein Kreuz oder Gebetsbuch; besuchten auch nie den Gottesdienst, aber meine Eltern waren der Überzeugung, dass nach allem nur noch beten helfen konnte. Der Priester kam mit der Bibel und einem heiligen Öl. Er las verschiedene

Verse vor, die von Heilung und Erlösung handelten. Er versuchte, Leandra die Beichte abzunehmen, und als sie nicht reagierte, zeichnete er ihr mit dem Öl ein Kreuz auf die Stirn, sprach noch ein Segensgebet und ging wieder.«

Oma verstummte. Sie holte tief Luft, als müsste sie sich für das, was sie nun erzählen wollte, innerlich wappnen. Marilena dagegen hielt die Luft an, während Oma Theresa weitersprach.

»Nichts hatte sich geändert. Leandra blieb stumm. Doch in der darauffolgenden Nacht drang ein vollkommen ungewohntes Geräusch aus Leandras Zimmer. Sie weinte. Herzzerreißend schluchzte sie. Meine Mutter eilte zu ihr und wiegte sie in den Armen, bis sie einschlief. Gesagt hatte Leandra immer noch kein Wort. Dennoch war meine Mutter überzeugt, dass von nun an alles besser werden würde.«

Omas raues Flüstern verklang. Atemlos schwieg auch Marilena. Die Sekunden schienen wie Minuten, und eine gespenstische Stille legte sich über den Raum.

Endlich erzählte Oma Theresa weiter: »Am nächsten Morgen war Leandra tot.«

Vor Schreck schlug sich Marilena die Hand vor den Mund.

»Sie war im Schlaf gestorben«, fuhr Oma fort. »Herzversagen war die Diagnose. Der Tod hatte meine Schwester erlöst. Sie war da gerade mal zwölf Jahre alt, so alt wie du.«

Marilena war gefesselt von der Geschichte. Tränen standen in Omas Augen. Also war die Geschichte wirklich wahr. Omas Schwester war als Kind gestorben, nachdem etwas Grauenhaftes passiert war. Marilena hatte eine Gänsehaut. Sie wagte kaum zu sprechen und musste mehrmals schlucken, ehe sie die Frage stellte, die ihr keine Ruhe ließ: »Hast du irgendwann noch erfahren, was deiner Schwester passiert war?«

»Nach dem Tod meiner Eltern fand ich einen Brief von Leandras Schule«, gab Oma zu. »Anscheinend hatte sie uns das fröhliche Mädchen zu Hause nur vorgespielt, während sie in der Schule schikaniert wurde.«

»Sie wurde gemobbt?«, fragte Marilena mit vor Entsetzen weit aufgerissenen Augen.

»Einige ihrer Mitschüler hatten sie offenbar in dunkle Kammern gesperrt, ihr das Essen weggenommen, ihre Hausaufgaben zerrissen und sie immer wieder schlimm beleidigt«, führte Oma Theresa aus.

»Hat denn niemand etwas dagegen unternommen?«

»Doch. Die Übeltäter wurden von der Schule verwiesen. Vermutlich hatten sie ihr nach dem Unterricht aufgelauert, um sich dafür zu rächen, hatten sie beschimpft und verprügelt. Sie hatten Leandra gebrochen, bevor sie endgültig aus ihrem Leben verschwanden, das von da an keines mehr für meine Schwester war.«

Eine Weile schwiegen beide.

»Damit ist die Geschichte jedoch nicht zu Ende«, flüsterte Oma in die Stille. »Drei Tage später war Leandras Beerdigung. Das Haus war voller Menschen, die sich von ihr verabschieden wollten: Familie, Lehrer, Nachbarn. Ich wunderte mich, dass keiner ihrer Freunde da war. Aber meine Mutter erklärte mir, es wäre zu schwer für sie zu ertragen. Ich war ein Kind und selbst wie betäubt, also nahm ich die Erklärung hin. Jetzt weiß ich, sie wollte mich vor der Wahrheit beschützen.«

Erneut verstummte Oma. Es fiel ihr sichtlich schwer, diese Erinnerung wieder hervorzuholen. Marilena hatte inzwischen keine Zweifel mehr, dass sich die Geschichte tatsächlich so zugetragen hatte.

Endlich sprach Oma weiter: »In jener Nacht, nach der Beerdigung, geschah es. Meine Eltern und ich schreckten aus dem Schlaf und meinten Leandra zu hören, wie sie schrie. Wie konnte das sein? Und doch hörten wir sie alle drei. Zusammen gingen wir in ihr Zimmer. Ich klammerte mich angstvoll an die Hand meiner Mutter. Sogar mein Vater wirkte verunsichert, als er die Tür öffnete. Da saß sie auf ihrem Bett und kreischte aus Leibeskräften. Wir wussten nicht, wie uns geschah. Mutter entfuhr ein spitzer Schrei. Mir wurde eiskalt und ich meinte, keine Luft mehr zu bekommen. Als wir das Zimmer betraten, verstummte Leandra. Stattdessen sah sie mit pechschwarzen Augen zu uns und klagte uns an.«

Omas Stimme klang plötzlich mädchenhaft hell, als sie fortfuhr: »›Es ist eure Schuld! Warum habt ihr nichts bemerkt? Ihr hättet für mich da sein müssen!‹ Ihr dunkler Blick heftete sich auf mich. Mein Herz raste, mein Atem ging stoßweise. Mit hölzernen Bewegungen erhob sich Leandra vom Bett. Sie ließ von mir ab und funkelte unseren Vater böse an. Regungslos, doch voller Panik, starrte er seine Tochter an. Sie näherte sich uns. Langsam. Mit seltsam steifen Schritten. Als Letztes wandte sie sich an unsere Mutter. Mit großen, aber immer noch pechschwarzen Augen sah sie ihr traurig entgegen.«

Erneut verstellte Oma Theresa ihre Stimme. »›Warum hast du mich nicht beschützt? Ich war dein Kind! Deine Erstgeborene! Hast du mich nicht genug geliebt? Nicht so sehr wie Theresa?‹«

Ein Schauer durchlief Marilenas Körper. Die Atmung ihrer Oma beschleunigte sich. Stockend erzählte sie weiter.

»Wieder wandte sie sich mir zu. Grenzenloser Hass lag in ihren Augen und ich versteckte mich, am ganzen Körper zitternd, hinter meinem Vater. Meine Mutter schluchzte. Mehr noch als auf der

Beerdigung. Sie ging einen Schritt auf Leandra zu, wollte ihre Tochter in den Arm nehmen, als diese plötzlich wieder zu schreien begann. Wie in einen abgrundtiefen, finsteren Schlund blickten wir in ihren weit aufgerissenen Mund. Es war schrecklich furchteinflößend, dennoch konnte ich nicht wegsehen. Tränen liefen über mein Gesicht. Ich klammerte mich an meinen Vater. Er zog Mutter zu sich, trieb uns aus dem Zimmer und schlug die Tür zu. Mit einem Mal war es totenstill. Als er die Tür wieder öffnete, war das Zimmer leer.«

Schwer atmend unterbrach Oma Theresa ihre Erzählung. Eine dröhnende Stille machte sich breit.

Marilena schaute ihre Oma an. Ihr Blick war in die Ferne gerichtet, als würde sie ihre Umgebung gar nicht mehr wahrnehmen. Endlich fuhr sie fort: »Ich hatte so große Angst wie nie mehr in meinem Leben und verbrachte die Nacht bei meinen Eltern. Mutter weinte noch sehr lange, während mein Vater sich unruhig im Bett hin und her wälzte. Am nächsten Morgen waren wir uns nicht einmal sicher, ob das alles wirklich geschehen war. Hatten wir nicht nur geträumt? Doch der Schrecken saß tief.«

Wie hypnotisiert starrte Marilena ihre Oma an; hin- und hergerissen zwischen Faszination und Entsetzen. Gebannt lauschte sie der weiteren Erzählung.

»Meine Eltern beschlossen, das Haus aufzugeben und die beängstigenden Ereignisse um Leandras Tod hinter uns zu lassen. Noch am selben Tag wurde der Verkauf in die Wege geleitet. Zwei Wochen später zogen wir aus, noch ehe das Haus einen neuen Besitzer hatte.«

»Habt ihr sie noch einmal gesehen?«, fragte Marilena atemlos.

»Leandra ist seit jener Nacht nicht noch einmal aufgetaucht«, erwiderte Oma Theresa.

»Aber warum möchtest du wieder in diesem Haus leben?« Marilena konnte es nicht verstehen. »Hast du keine Angst, dass deine Schwester hier immer noch herumspukt?«

Oma Theresa ließ sich Zeit mit ihrer Antwort.

»Ach, mein Mädel, ich hatte so ein Gefühl. Mein ganzes Leben lang hatte ich das Gefühl, als würde mir etwas fehlen. Als ich das Haus wieder sah, wusste ich, es war meine Schwester, die mir fehlte. Und deshalb habe ich keine Angst, dass sie hier herumspukt. Ich hoffe, dass ich sie hier wiedersehen werde.«

Marilena suchte Zuflucht in Omas Armen. Sie atmete einige Male tief ein und aus. Doch erst als sie die Wärme und Geborgenheit spürte, die Oma Theresa ausstrahlte, beruhigte sich ihr Herzschlag ein wenig.

»Warum weiß Mama nichts von ihr?«, fragte sie schließlich.

»Ich habe ihr nie von meiner großen Schwester erzählt«, erklärte Oma. »Ich war es, wegen meiner Eltern, einfach gewohnt, nicht über Leandra zu sprechen, und behielt meine Erinnerungen an sie für mich.«

»Und warum erzählst du es jetzt mir?«

»Na, weil du in Leandras altem Zimmer schlafen wirst.«

Marilena erstarrte mit schreckgeweiteten Augen.

»Ich schlafe …? Was? Nein! Oma! Wirklich?«, stotterte sie.

Oma Theresa brach in schallendes Gelächter aus.

»Und ich dachte, du verträgst eine gute Gruselgeschichte!«

Die Spannung war verflogen. Marilena warf ein Kissen nach ihrer Oma.

»Dann ist das alles gar nicht wahr?«

Die Oma zwinkerte.

»Das Gute an guten Gruselgeschichten ist doch, dass man nie weiß, ob sie wahr sind oder nicht.«

Marilena lachte und warf noch ein Kissen. Oma war eine wirklich gute Schauspielerin. Marilena hatte ihr die Trauer, die Angst und die Tränen abgekauft. Allerdings hätte Oma eine Schwester niemals verheimlichen können. Die Geschichte war also nur erfunden.

Zufrieden gähnte Marilena.

»Gute Nacht, Oma.«

Sie zog die Decke bis zum Kinn hoch und schlief fast augenblicklich ein.

Tief in der Nacht wachte Marilena auf. Etwas hatte sie geweckt. Ihr schlaftrunkener Verstand brauchte eine Weile, um zu erkennen, was es war. Ein leises, aber stetiges Klopfen drang in ihr Bewusstsein.

*Sicher nur irgendwelche Rohre*, dachte Marilena. Ein altes Haus machte eben seltsame Geräusche, das war normal.

Sie drehte sich um und versuchte wieder einzuschlafen. Doch nun, da sie das Klopfen wahrgenommen hatte, bohrte es sich mit vehementer Beständigkeit in ihren Verstand und ließ sie nicht mehr los. Mit einem resignierten Seufzen setzte sie sich auf.

Oma lag neben ihr und schnarchte leise. Marilena wollte sie nicht wecken. Sacht schob sie die Decke zur Seite und stieg aus dem Bett. Sie öffnete vorsichtig die Tür und schlich aus dem Zimmer.

Als sie die Schlafzimmertür hinter sich geschlossen hatte, atmete sie aus.

Marilena hatte nicht einmal gemerkt, dass sie die Luft angehalten hatte. Sie lauschte einen kurzen Moment, woher das Klopfen kam, und setzte sich dann in Bewegung. Plötzlich strich etwas um ihre nackten Füße. Marilenas Herz setzte einen Schlag aus und sie unterdrückte einen Schrei.

»Gismo!«, fluchte sie kurzatmig, als sie erkannte, wer sie so erschreckt hatte. Sie nahm den Kater auf den Arm. Ein bisschen Gesellschaft konnte nicht schaden. Da Gismo sich nicht wehrte, ging Marilena weiter.

Das Klopfen schien aus dem Gästezimmer zu kommen, in dem Marilena eigentlich hätte schlafen sollen. Hatte Oma nicht gesagt, dass das Leandras Zimmer gewesen sei? Aber die Geschichte war ja nur erfunden. Dennoch war Marilena mulmig zumute, als sie die Tür öffnete. Augenblicklich sträubten sich Gismos Nackenhaare. Er sprang von Marilenas Arm und fauchte in das Zimmer hinein, bevor er davonlief.

Marilena konnte nichts erkennen. Das Klopfen kam allerdings eindeutig aus diesem Zimmer, und irgendetwas sagte ihr, dass es nicht von alten Rohren verursacht wurde. Marilena tastete nach dem Lichtschalter. Als sie das Licht anmachte, verstummte das Klopfen einen kurzen Moment, ehe es wieder einsetzte.

Gegenüber der Tür befand sich ein Fenster. Darunter stand ein Schreibtisch. Auf dem Stuhl davor saß ein Mädchen. Sie trug ein weißes Kleid und hatte die langen braunen Haare zu zwei ordentlichen Zöpfen geflochten. Unter dem Schreibtisch schaukelte sie mit dem Fuß, stieß dabei immer wieder an den Heizkörper unter dem Fenster und verursachte dadurch das Klopfen.

Ein Schaudern durchlief Marilenas Körper und, obwohl sie sofort weglaufen wollte, konnte sie es nicht. Etwas zog sie zu der Fremden hin. Schritt für Schritt näherte sie sich ihr. Das Mädchen schrieb etwas, wobei es unaufhörlich vor sich hinmurmelte.

Auch als Marilena sich neben die gebeugte Gestalt stellte, schrieb sie unentwegt weiter. Der Schreibtisch war überladen mit vollgekritzelten Zetteln. Auf allen waren grässliche Fratzen abgebildet. Darunter standen Schimpfworte, die Marilena zur Genüge von den Wänden der Schultoiletten kannte. Niemals hätte sie solche Beleidigungen ausgesprochen.

Sie nahm einen der Zettel. *Erhäng dich!*, stand darauf.

Plötzlich verstummte das Klopfen. Marilena hob den Blick und stellte erschreckt fest, dass das Mädchen sie ansah. Ihre Augen waren pechschwarz. Es bestand kein Unterschied zwischen Pupille, Iris und der Lederhaut. Schwarze Tränen liefen über ihre Wangen. Als die Fremde versuchte, sie wegzuwischen, entstellte sie ihr Gesicht zu einer furchterregenden Fratze. Grauen erfasste Marilena, als sie erkannte, mit wem sie es zu tun hatte.

»Du bist Leandra«, flüsterte sie voller Angst. »Was willst du hier?«

Leandra schien sie nicht zu hören. »Warum haben sie das gemacht?«, fragte sie stattdessen jämmerlich. »Warum hat es niemand bemerkt? Warum hat mir niemand geholfen?«

Marilena starrte in die schrecklichen Augen, unfähig, zu antworten oder sich zu bewegen. Ihr Atem ging schnell und sie fühlte sich bedroht. Sie musste hier weg. Zu Oma! Doch sie war starr vor Angst.

Blitzschnell erhob sich Leandra, packte Marilena am Arm und schrie. Ihr Gesicht war nun ganz nah an Marilenas, sodass diese ihren modrigen Atem roch. Marilena wurde schlecht. Sie wollte um Hilfe schreien, bekam aber keinen Ton heraus. Hastig riss sie sich los und stürmte hinaus in den Flur. Im Dunkeln stieß sie gegen ein Hindernis. Arme schlangen sich um sie, und sie konnte sich nicht mehr bewegen. Panisch versuchte sie, sich zu befreien, wehrte sich, schrie.

Da legte sich eine kalte Hand auf ihren Mund, und sie hörte Leandras Stimme.

»Du möchtest zu meiner Schwester, habe ich recht?«, fragte sie boshaft. »Aber ich bin schneller!«

Schlagartig war Marilena frei. Während ihr Verstand noch versuchte, eine Erklärung für all das zu finden, rannte sie ins Schlafzimmer. Das Licht brannte. Leandra war nicht zu sehen. Doch Oma Theresa saß kerzengerade mit schreckgeweiteten Augen im Bett. Blass war sie. Ihre Lippen versuchten ein Wort zu formen. Als Marilena sie am Arm berührte, zuckte sie leicht zusammen, dann regte sie sich nicht mehr. Panik stieg in Marilena auf.

»Oma? Oma!«

Marilena rief, schrie, schüttelte den noch warmen Körper, versuchte, eine Reaktion zu bekommen, weinte und wollte es nicht begreifen. Ihre geliebte Oma Theresa war tot.

Schluchzend umarmte Marilena sie. Das alles war sicherlich nur ein ganz schrecklicher Albtraum.

Plötzlich wurde sie weggezerrt. Eiskalte Hände hielten ihre Fußknöchel umschlossen und rissen sie vom Bett. Marilenas Kopf schlug hart auf dem Boden auf. Für einen kurzen Moment war ihr schwarz vor Augen. Als sie wieder zu sich kam, wurde sie, auf dem Rücken liegend, durch den dunklen Flur gezogen.

Marilena zappelte und schrie. Das Zerren stoppte. Dafür erschien Leandras schreckliche Fratze über ihrem Gesicht.

»So habe ich auch geschrien, weißt du? Aber niemand hat mir geholfen. Und dir, dir wird auch niemand helfen. Du wirst leiden!«

»Bitte!«, wimmerte Marilena. »Warum?«

Leandras Blick wanderte zum Schlafzimmer. »Weil sie dich geliebt hat. Nicht mich. Niemand hat mich geliebt!«

Leandra griff in Marilenas Haare und riss sie damit unsanft auf die Beine. Ein reißender Schmerz trieb ihr die Tränen in die Augen und ließ sie aufschreien.

Leandra achtete nicht auf sie, sondern zog sie wieder in Richtung des Gästezimmers. Marilena versuchte verzweifelt, sich zu befreien. Sie wand sich, zappelte und konnte den eisernen Griff doch nicht lösen.

Auf einmal hörte sie ein Fauchen. Abrupt ließ Leandra Marilena los. Offenbar stürzte Gismo sich auf ihre Angreiferin.

Marilena rannte die Treppe hinunter. Nur raus aus diesem Haus. Zu ihrem Entsetzen ließ sich die Eingangstür nicht öffnen. Sie rüttelte, trat sogar dagegen, es half nichts. Die Tür war verschlossen. Schnell. Das Fenster. Es war fest verriegelt.

In ihrer Verzweiflung schrie Marilena. Gerade wollte sie gegen die Fensterscheibe treten, als sie von hinten angesprungen und umgerissen wurde. Ihr Kopf schlug abermals hart auf dem Boden auf. Einen Augenblick sah Marilena noch Gismo röchelnd neben sich liegen, dann verlor sie das Bewusstsein.

Grelles Licht blendete Marilena durch ihre geschlossenen Augenlider. Ihr Kopf dröhnte, und seltsame Laute drangen an ihr Ohr. Was war passiert?

Leandra!

Plötzlich holten die Erinnerungen Marilena ein. Sie riss die Augen auf und fuhr im Bett hoch. Eine Welle der Übelkeit überkam sie. Und Trauer. Übermächtige Trauer, sodass sie schluchzend das Gesicht in den Händen vergrub, noch bevor sie wahrgenommen hatte, wo sie war. Sofort schlangen sich warme Arme sanft um ihren Körper.

»Marilena! Lenchen! Was ist los?«

Überrascht hob Marilena den Kopf. Durch den Tränenschleier hindurch sah sie das besorgte Gesicht ihrer Mutter. Mit aller Verzweiflung klammerte sich Marilena an sie.

»Oma!« Mehr brachte sie nicht hervor.

Weitere Hände strichen über ihr Haar. »Ich bin hier, mein Mädel.«

Ungläubig sah Marilena auf, wischte sich mit den Ärmeln ihres Schlafanzuges über die Augen. Sie war tatsächlich da. Hinter ihrer Mutter stand Oma Theresa und betrachtete sie liebevoll. Ein letztes Schluchzen verebbte und Marilena schaute sich zum ersten Mal bewusst um: Sie lag im Bett des Gästezimmers.

Nichts erinnerte noch an die schrecklichen Ereignisse der letzten Nacht. Das Zimmer war sonnengeflutet. Alles war ordentlich an seinem Platz. Und das Wichtigste: Oma war hier. War das alles nur ein Albtraum gewesen?

»Wo ist Gismo?«, fragte Marilena verwirrt. »Was ist passiert?«

»Ja«, bekräftigte auch ihre Mutter mit einem strafenden Blick zu Oma Theresa. »Was ist passiert? Marilena sollte schon längst in der Schule sein! Aber als ich sie abholen wollte, habt ihr beide noch tief und fest geschlafen.« Nun sah sie Marilena an. »Und als ich dich wecken wollte, hast du dich im Bett herumgewälzt, als müsstest du um dein Leben kämpfen. Und dann wachst du schluchzend auf und bist völlig durcheinander.«

»Ich …«, begann Marilena.

»Wir sind gestern etwas länger aufgeblieben, deshalb haben wir verschlafen«, gab Oma zerknirscht zu. »Und ich habe ihr eine

Gruselgeschichte erzählt. Wahrscheinlich hat sie davon schlecht geträumt.«

Alle Augen richteten sich auf Marilena. »Ja, ich hatte einen ganz furchtbaren Traum. Er hat sich so echt angefühlt. Ich …«

»Du ziehst dich jetzt um!«, unterbrach ihre Mutter sie bestimmt. »Und dann bringe ich dich in die Schule. Du wirst sicher nicht den ganzen Tag verpassen, nur weil Oma dir unbedingt Albträume bescheren muss.«

»Es tut mir so leid, mein Mädel«, entschuldigte sich Oma. Marilena konnte ihr das schlechte Gewissen ansehen.

»Wo ist Gismo?«, wiederholte sie.

»Als ich aufstand, lag er noch selig schlummernd in meinem Bett«, war Omas Antwort.

Marilena war beruhigt. Alles war in Ordnung. Sie hatte nur schlecht geträumt.

Kurze Zeit später verließ Marilena das Haus mit ihrer Mutter, stieg ins Auto und winkte fröhlich zum Abschied.

»Bis bald, Oma!«

Oma Theresa winkte ebenfalls, als das Auto losfuhr.

Marilena sah lächelnd in den Rückspiegel. Sie drehte sich um und wollte ihrer Oma noch einmal zuwinken. Was sie sah, ließ sie in der Bewegung innehalten. Das Blut gefror in ihren Adern, und ihr Herz pochte schmerzhaft gegen die Brust. Dort, auf der Straße vor dem Haus, stand sie, ihre Oma. Doch sie war nicht mehr Oma Theresa. Es waren Leandras pechschwarze Augen, die ihnen nachblickten, ehe sie mit seltsam steifen Schritten ins Haus zurückkehrte.

# Nacht der Jäger

*Eine Januarnacht, 21:42 Uhr, am Waldrand*

Der Jäger drehte den Zündschlüssel, und der Motor erstarb. Dicke Schneeflocken legten sich auf die Windschutzscheibe und schmolzen sofort, während weitere Flocken durch den Kegel der Scheinwerfer schwebten. Er löschte das Licht, sprang aus dem Geländewagen und versank mit den Stiefeln im knöchelhohen Schnee. Eine weiße, dichte Wolke Atemluft stieg auf, und er sah sich nach dem Mond um.

Kreisrund, silbern und der stille Wächter der Nacht, die Sauensonne, wie er und andere Waidmänner den Vollmond nannten, schien durch die kahlen Äste und Zweige der Baumkronen und warf graue Schatten auf die unberührte Schneedecke am Boden. Eine perfekte Nacht.

Der Jäger schlug die Fahrertür zu, öffnete den Fond, zog die Fleecejacke an und den Lodenmantel darüber. Anschließend nahm er das Nachtsichtgerät aus seinem Rucksack, bevor er ihn schulterte. Nachdem er sich das optische Hilfsmittel umgehängt hatte, hob er das

Gewehr von der Rücksitzbank. Er stapfte mitten in den Wald hinein. Der Schnee quietschte und knisterte unter seinen Schuhsohlen. Immer wieder blieb der Jäger stehen und sah sich sein Umfeld genau an, um kein Wild unbewusst aufzuschrecken.

Als er auf einen schmalen Nebenpfad abbog und den Hochsitz im Schatten der Bäume entdeckte, in dem er sich die Nacht um die Ohren hauen würde, knackte ein Zweig unter seinem Stiefel.

Augenblicklich flog ein Waldkauz schimpfend über ihn hinweg. In der gespenstischen Stille vernahm er die Flügelschläge des Vogels. Er blieb stehen und folgte dem Kauz mit den Augen, der zwischen den schneebedeckten Zweigen hindurchglitt.

Nur einen Atemzug danach bewegte sich etwas hinter ihm, mit einem schwer zu deutenden Geräusch. Ein Huschen, ein Schleifen, und zwei Schritte mischten sich ebenfalls darunter.

Der Jäger warf einen langen Blick über die Schulter und suchte mit dem Nachtsichtgerät den Bereich hinter sich ab. Er entdeckte nichts außer Bäumen, Sträuchern und Schnee. Vermutlich bloß ein Dachs, der auf Nahrungssuche war, weshalb er sich wieder zu dem Hochsitz umwandte und unbeirrt darauf zuhielt. Der Standort der Wildkanzel befand sich direkt vor der letzten Baumreihe, am Rand einer ausgedehnten Lichtung.

Er stapfte durch wadenhohe Schneeverwehungen, bis er schnaufend die Kanzel erreichte und den Blick auf das weitreichende Areal vor sich genoss.

Die Fläche wirkte unberührt, das Mondlicht brach sich in Myriaden von liegenden Flocken und funkelte, während der Wind durch die kahlen Wipfel fegte und Gehölz aneinander rieb. Pfeifend rollte eine Böe auf ihn zu, in den Wald hinein, und riss gefallenen Schnee mit sich.

Einer unbestimmten Eingebung folgend – ein Kribbeln huschte über seinen Rücken –, sah er sich abermals um, hob das Nachtsichtgerät an und suchte die Umgebung ab.

Etwa achtzig Meter entfernt leuchtete ein Paar Augen durch eine eingeschneite Hecke hindurch, die ihn scheinbar anstarrten. Er erkannte nicht, zu welchem Tier diese gehörten, aber das Prickeln und eine Spur Unbehagen drängten ihn dazu, mit der freien Hand nach der Leiter vom Hochsitz zu tasten.

Oben angekommen öffnete er die Tür, schlüpfte rasch in das Innere der Kanzel und verriegelte den Zugang. Die Beklommenheit fiel erst von ihm ab, als er sich setzte und tief durchatmete.

Der Jäger zog die vordere Luke auf, welche den Blick auf die weitläufige Lichtung freigab.

Silbernes Mondlicht ergoss sich wie der Strahl eines Suchscheinwerfers in das Innere der geschlossenen Kanzel, und einzelne Schneeflocken rieselten hinein, benetzten sein Gesicht und zerschmolzen auf seiner Haut.

Er lehnte sein Gewehr in die Ecke links vor sich, nahm die Stoffrolle vom Rucksack und hob die Thermoskanne mit Tee heraus. Nachdem er die Stiefel ausgezogen und in einer Plastiktüte verstaut hatte, stellte er diese unten in den Ansitzsack und schlüpfte ebenfalls hinein. Bei jeder Bewegung knarzte das Holz des Hochsitzes, und der Wind fegte um dessen Ecken.

Mit einem dumpfen Laut landete irgendwo in seiner Nähe eine große Menge Schnee auf dem Boden.

Der Jäger griff nach dem Gewehr, legte den Schaft auf der Brüstung ab und schaute durch das Zielfernrohr, um das Absehen einzustellen.

Anschließend suchte er den Waldrand mit dem Nachtsichtgerät rund um die Lichtung ab und entdeckte links vor sich zwei kleine Leuchtpunkte im Schatten der Bäume. Er vermutete Rehwild.

Der Jäger harrte geduldig aus, und obwohl sich die Rehe bewegten, kamen sie weder näher noch zogen sie sich zurück. Die Windrichtung blieb ihm wohlgesonnen, weshalb das Wild ihn unmöglich wittern konnte.

Eine Wolke verbarg kurzzeitig den Mond. Es störte ihn nicht, dass sein Ansitzsack leicht eingeschneit wurde, er genoss die Abgeschiedenheit und die Ruhe vor dem Lärm der Stadt. Das Ächzen der Bäume, das Heulen des Windes und die Rufe fliegender Räuber gehörten zu einem Nachtansitz wie der Tee in seiner Thermoskanne.

Es gab nichts, was ihn unruhig werden ließ. Nichts, bis auf diesen einen Moment zuvor. Eine paarige Reflexion inmitten des Gebüsches. Bei dem Gedanken daran wurde ihm plötzlich bewusst, wie weit oben sich diese in dem verschneiten Strauch befunden hatte. Das Unterholz musste an dieser Stelle gut zwei Meter hoch gewesen sein und das Augenpaar verweilte im oberen Drittel. Bären und Wölfe waren in dieser Region nicht unterwegs und er hatte auch keine Information über einen Zooausbruch oder Ähnliches im Radio gehört. Seltsam.

Die Wolke gab die Sauensonne wieder frei und der Schneefall kam allmählich zum Erliegen. Da nichts Spannendes passierte, legte er das Nachtsichtgerät aus der Hand und füllte sich einen wärmenden Schluck Tee in den Becher. Während er die aufsteigende Dunstschwade leise wegpustete und vorsichtig daran nippte, entdeckte er einen Rotfuchs, der über die Lichtung streifte. Meister Reineke blieb abrupt stehen und sah sich um.

Der Jäger stellte den Becher ab und legte das Gewehr an, um durch das Zielfernrohr zu blicken, damit ihm nicht entging, was der Fuchs womöglich gewittert hatte. Unter das windige und knarzende Treiben um ihn herum mischte sich unvermittelt ein bedrohliches Knurren.

Er lauschte, sortierte die Laute und deren Ursprung und suchte den vorderen Teil der Lichtung ab. Das schauerliche Grollen war nah, beängstigend nah, und obwohl er sich bemühte, konnte er diesen Warnlaut keinem ihm bekannten Tier zuordnen.

Ein heiseres Bellen war die Antwort des Fuchses, der die Fährte offensichtlich unbeeindruckt wieder aufnahm und ohne ersichtlichen Grund gleich darauf erneut stehen blieb. Ein tiefes, markerschütterndes Grollen fand seinen Ursprung viel zu nah an der Kanzel des Jägers. Er lauschte nun ebenfalls, und dem abgetretenen Teppich auf den Bodenbrettern warf er sekundenlang einen ungläubigen Blick zu. Etwa fünfeinhalb Meter darunter vernahm er ein anderes Bellen, unmöglich das eines zweiten Fuchses. Auch nicht das Kläffen eines im Wald herumstreunenden Hundes.

Der Jäger blinzelte verwirrt, als Reineke jäh den Rückzug antrat. Ebenso wie das Rehwild. Er nahm das Gewehr wieder zur Hand, spähte durch das Zielfernrohr und hörte gedämpftes Tapsen im Schnee. Genau unter der Kanzel. Schlagartig richteten sich seine Nackenhaare auf, was rein gar nichts mit der eisigen Windböe, die plötzlich durch die geöffnete Fensterluke fuhr, zu tun hatte. Er verharrte in der leicht nach vorn gebeugten Position und horchte angespannt in die Nacht hinein.

Hecheln? Er war nicht sicher, doch es klang wie schnelles Atmen mit offenem Mund oder Maul. Keiner der anderen Jäger hatte sich für einen Ansitz im Revier angemeldet. Er schüttelte energisch das mulmige Gefühl ab, wischte sich die Tröpfchen des Kondenswassers von den Bartspitzen über der Lippe und nahm erneut den gegenüberliegenden Waldrand ins Visier. Elf Wildschweine drängten aus dem Schutz der Bäume auf die Lichtung.

Der Jäger entsicherte das Gewehr und sah sich die Rotte genau an. Ein paar Jungtiere, ohne die charakteristischen Streifen eines Frischlings, folgten der Leitbache aus den Schatten über die beinahe taghell scheinende Waldschneise. Sie wühlten im Schnee, drehten das Gras darunter auf links, auf der Suche nach Eicheln vom Vorjahr.

Keines der Tiere stand ideal für einen sicheren Abschuss, weshalb er geduldig wartete. Das Grunzen, Quieken und Schreien der Rotte wurde lauter, als Futterneid aufkam und das Schwarzwild vereinzelt miteinander rangelte. Das zweite Stück, ein junger Keiler, stand günstig und er betätigte den Abzug.

Eine Millisekunde darauf wackelte die Kanzel, weil etwas Schweres dagegen krachte.


*Dieselbe Nacht, 20:59 Uhr, auf einem wenig besiedelten Landstrich*

Ein anderer Jäger hetzte in gigantischen Sätzen über brachliegende Äcker, Feldwege und gefrorene Bäche. Er mobilisierte sämtliche Kraftreserven, um so viel Abstand wie möglich zu seinem letzten Aufenthaltsort zu bringen, in dem es ausschließlich nach Metall und Stein gerochen hatte. Nie wieder wollte er dahin zurück. Er rannte, sprang und schlich, bis seine Muskeln vor Erschöpfung zitterten und brannten. In der Ferne entdeckte er eine dichte Baumansammlung, auf die er hechelnd und kraftlos zutrottete. Als er den Schutz des Waldes erreichte, hielt er inne und streckte die Schnauze in die frostige Nachtluft.

Er hatte Hunger.

Gefrorener Schnee sammelte sich in dem weichen Fell zwischen seinen Krallen, der sich bei jedem Schritt tief hineinbohrte, während er mucksmäuschenstill um Bäume und Sträucher herumpirschte. Der Wind trug ihm eine Fährte in die großen Nasenlöcher und er folgte seiner Beute in sicherem Abstand.

Sie verließ den Hauptweg und er tat es ihr gleich. Mit zwei gewaltigen Sätzen verringerte er die Distanz, nur um abrupt in der Bewegung innezuhalten. Ein Knacken, gefolgt von einem aufgebrachten Schrei, ließ ihn den massigen Kopf heben. Ein Vogel flog schimpfend davon.

Er leckte sich mit der langen Zunge über die Schnauze und schüttelte Schneeflocken und Tauwasser vom schwarzen Pelz. Plötzlich drehte der Wind und die Fährte verschwand.

Der Jäger sah sich suchend um, streckte den muskulösen Nacken und schnupperte ziellos durch die klirrende Nacht. Dicke, heiße Dunstschwaden stiegen aus seinem mit spitzen Zähnen gefüllten Maul auf und er schnaubte, als er eine Flocke einatmete, die im Rachen kratzte. Eine Schleife drehend lief er an niedrig hängenden Zweigen junger Nadelbäume vorbei, die sich unter der Schneelast gen Boden neigten.

Ein Stück weiter vorn kam der Waldrand in Sicht, hinter dem sich eine weitläufige Lichtung auftat, und endlich trug der Wind ihm die verloren gegangene Fährte wieder zu.

Er sah seine Beute innehalten und sich versteifen. Langsam drehte sich sein Opfer zu ihm um und hob etwas vors Gesicht.

Der Jäger blieb hinter dem eingeschneiten Gestrüpp stehen, stellte sich auf die Hinterläufe und fand einen Spalt zwischen den Zweigen, durch den er ihn beobachten konnte.

Er roch eine Spur Angst, die ihm eine Böe direkt in den Fang wehte. Vier große Sätze bräuchte er, um ihn zu reißen, nah, aber nicht nah genug für einen sicheren Erfolg. Beide verweilten fast schon reglos, bis seine Beute sich hastig umwandte, nach oben kletterte und in einem Holzkasten verschwand.

Der Jäger glitt zurück auf alle viere, bewegte sich langsam weiter gegen den Wind auf die Lichtung zu. Er witterte potenzielle Opfer; einen Dachs, Rehe und … Wildschweine. Unsicherheit regte sich in ihm. Mensch oder Schwein?

Der zusammengepresste Schnee zwischen seinen Pfotenballen drückte unangenehm und er unterbrach seine Pirsch. Knabbernd und leckend beseitigte er den Störfaktor, ehe er geduckt weiterlief. Eine Wolke schob sich gemächlich vor den Mond, und dämmrige Dunkelheit überzog die Lichtung. Er wartete.

Als ein weiterer Duft ihn erreichte, schickte er dem rotfelligen Eindringling mit gefletschten Zähnen eine unmissverständliche Warnung. Das Nackenfell des Jägers sträubte sich, er legte die Ohren an und senkte die Schnauze, weil der kleine Räuber nicht sofort Reißaus nahm.

Tief aus seiner Kehle grollte er und bellte kurz und hart. Da erst trollte sich der Fuchs, und auch die Rehe sprangen furchtsam ab.

Der Jäger lief auf das unnatürliche Bauwerk zu, legte sich in den Schnee daneben und lauschte mit aufgerichteten Ohren den Lauten, die seine Beute über ihm verursachte. Die Schnauze emporgestreckt, atmete er mit geöffnetem Maul und witterte außerdem die Wildschweinrotte. Er vernahm ihre Laute, die von Ablenkung zeugten. Der Mond kam wieder zum Vorschein und erhellte die brachliegende Schneedecke.

Hunger, Unruhe und Vorfreude jagten durch seinen Leib. Unstet richtete er die Hinterläufe unter seinem Bauch neu und parallel aus. Der Wind presste ihm das Fell eng an den Körper. Gierig überlegte er, was er an erste Beutestelle setzen sollte.

Ein ohrenbetäubender Knall hallte über die Lichtung, und der Jäger erschrak knurrend. Er sprang auf und krachte mit der Flanke gegen die Konstruktion, in der sich sein Opfer aufhielt. Alarmiert zog er sich in den Schutz des Waldes zurück und schüttelte sich aufgebracht. Nur um gleich darauf den lockenden Duft von Blut zu wittern.

Innerhalb eines Augenblicks wählte er die neue Beute aus.

Er pirschte hinter der Baumreihe entlang, um die vom Mond beschienene baumlose Fläche herum, sah die Schweinerotte flüchten und hetzte dem verletzten Wildschwein hinterher. Blut sickerte in den Schnee, zog eine verheißungsvoll duftende Spur, und obwohl sich der junge Keiler gegen den Tod wehrte, brach er viel zu schnell zuckend zusammen.

Mit einem einzigen Satz sprang der Jäger aus dem Schatten der Bäume auf den sterbenden Leib zu. Er warf den massigen Kopf in den Nacken und heulte aus tiefster Kehle. Die anderen Räuber sollten wissen, wem diese Beute gehörte. Gewaltsam und besitzergreifend schlug er Klauen und Zähne durch das borstige Fell und die fettige Schwarte, in das Fleisch des Wildschweins hinein.

Vor Erregung zitternd zerfetzte er die Gurgel und schlitzte den weichen Bauch des Tiers auf. Er fraß, zerrte, zerriss und tauchte tief mit der Schnauze in den warmen Körper ein. Endlich Nahrung, nach Tagen der Entbehrung.

Er war wie im Rausch und doch nicht gänzlich blind für Gefahr. Mit einem Mal bemerkte er einen vertrauten, einen verhassten Geruch. Zähnefletschend hob er den Kopf und zeigte dem Eindringling, was er von dessen Anwesenheit hielt. Er bellte abgehackt und knurrte bedrohlich, während er sich auf die Vorderläufe sinken ließ, die Ohren anlegte und das Haupt senkte. Seine Lefzen zuckten und er bleckte die blutigen Zähne.

Gänzlich unbeeindruckt kam der Angreifer näher und zielte mit einem Metallrohr auf ihn.

Der Jäger schnaubte angeekelt und aufgebracht wegen des Geruchs, den der hassenswerte Gegenstand verströmte, doch er konnte seine Beute unmöglich aufgeben. Zu wichtig war sie für sein eigenes Überleben. Er setzte zum Sprung an.

*Kurz nach Vollmondaufgang, 20:22 Uhr, in einem geheimen Gebäudekomplex*

Der dritte Jäger ließ den sich bewegenden Punkt auf dem GPS-Gerät nicht aus den Augen.

Eilig sah er sich das Waffenarsenal an der Wand an, während er seine Montur überstreifte und die Stiefel schnürte. Das Subjekt war vor weniger als sieben Minuten ausgebrochen und hatte bereits einen Vorsprung von knapp elf Kilometern. Diese Aktivität hätte er sich bei den Untersuchungen und Tests gewünscht, damit in solch einer Situation klar gewesen wäre, wie schnell sie handeln mussten, um es wieder einzufangen. Nicht auszudenken, was dieses Geschöpf in nur einer Nacht anrichten könnte. Er lächelte grimmig.

Der Ausbruch würde für alle Beteiligten ein Nachspiel haben.

Er schnappte sich ein Sturm- und ein Betäubungsgewehr, zwei Magazine und genügend Pfeile in unterschiedlichen narkotischen Stärken. Über das Funkgerät vor seiner Schulter erfuhr er, dass sein Wagen am Osttor vor dem Hangar auf ihn wartete und der Heli auf Abruf bereitstand.

Der Jäger ergriff das GPS-Gerät und rannte mit donnernden Schritten über die hell erleuchteten Flure. Im Fahrstuhl wippte er unruhig mit der schweren Stiefelspitze und verfolgte erstaunt, mit welcher Ausdauer sich das Subjekt weiter von der Station entfernte. Beeindruckende vierzehn Kilometer in gut zehn Minuten. Luftlinie wohlgemerkt und das könnte zu einem Problem werden, denn der Geländewagen konnte zwar viel, aber umgefahrene Weidezäune würden ungewollte Fragen nach sich ziehen, weshalb sie auf mehr oder weniger befestigten Straßen und Wegen fahren mussten, und dieser Schnee ...

Der Jäger presste ungeduldig die Zähne zusammen, da öffneten sich endlich die Aufzugtüren. Er sprintete aus dem Fahrstuhl in den Hangar und geradewegs in das wartende Fahrzeug vor dem großen Tor hinein.

Mit kurzen, harschen Befehlen navigierte er den Fahrer, dem GPS-Signal hinterher. Die Windrichtung war günstig, doch einzelne Böen drehten dermaßen unglücklich, dass das Subjekt schneller von ihnen Wind bekommen könnte, als ihnen lieb war.

Das grobe Profil der Reifen wühlte sich mühelos durch den Schnee und sie verringerten den entstandenen Abstand erfreulich rasch. Das Umfeld lag brach und ruhig da, lediglich der Motor, die Räder und Scheibenwischer störten die Stille.

Der Jäger lehnte sich seitlich aus dem nur teilweise geschlossenen Fahrzeug und sah hinauf zum Vollmond. Über die Einfältigkeit der Forscher verdrehte er genervt die Augen und schüttelte verständnislos den Kopf. Denen würde er zuerst die Hölle heiß machen … gleich nachdem sein Vorgesetzter mit ihnen fertig war, und dann den Wachposten am Zaun. Er hasste Überheblichkeit und Menschen, die ihre Grenzen nicht kannten, und am schlimmsten war beides zusammen.

Das Subjekt wurde langsamer und er wies seinen Fahrer an, dies ebenfalls zu tun und den vor ihnen liegenden Feldweg auf der linken Seite zu nehmen.

Holpernd bewältigte der Geländewagen die unebene Strecke. Nach einer Weile voll unzähliger Abzweigungen erhob sich ein weitläufiger Mischwald aus der glänzenden Fläche.

Der Jäger bedeutete dem Fahrer, die Geschwindigkeit auf ein Minimum zu drosseln und die Scheinwerfer zu löschen. Das GPS-Signal leitete er von dem für eine Jagd unpraktischen Handgerät auf das Head-up-Display in seinem Helm um. Bevor er diesen jedoch aufsetzte, verstaute er die Betäubungspfeile der Konzentration nach, aufsteigend von links nach rechts, in Laschen auf der Brust der Stichschutzweste aus Kevlar.

Der Geländewagen stoppte einen Kilometer vor dem Waldrand, und er sprang aus dem Fahrzeug in eine wadenhohe Schneeverwehung.

Der Jäger zog die Sturmhaube über den Kopf, setzte den Helm auf und entfernte das Funkgerät vom Klettverschluss an der Schulter. Er verhängte absolute Funkstille, bis er selbst diese brach, und lief los. Das Subjekt bewegte sich jetzt viel langsamer als zuvor.

Er hielt das Maschinengewehr vor der Brust, den Lauf zu Boden gerichtet, und stapfte querfeldein auf den Waldrand zu. Das Luftdruckgewehr für die Betäubungspfeile trug er auf dem Rücken. Dicke weiße Dunstschwaden stiegen in die klirrende Nacht auf, und je näher er dem Forst kam, desto geräuschvoller wurde es.

Äste rieben knarzend aneinander, und irgendwo knackte etwas im Dickicht. Nachtaktive Tiere verursachten die unterschiedlichsten Laute, und alles unterlegte der pfeifende Wind.

Er betrat den Wald, wich Büschen und tief hängenden Zweigen aus und hielt in einem 90-Grad-Winkel auf das Subjekt zu, welches sich seit ungefähr zwanzig Minuten nicht mehr gerührt hatte.

Er lief weiter und weiter, unterdessen hörte es auf zu schneien, der Mond verschwand hinter einer Wolke und erschien erneut. Aus heiterem Himmel knallte ein Schuss über eine Lichtung, von der er sich nur noch wenige Meter entfernt befand.

Der Jäger legte das Sturmgewehr an, nahm das Subjekt unverzüglich ins Visier, welches sich jedoch tiefer in den Wald verzog. Stattdessen suchte er den oberen Teil der Baumkronen ab, wo er den Ursprung des Schusses vermutete. Er entdeckte einen Hochsitz und in dessen geöffneter Luke einen Waidmann, der eine Waffe hielt.

Mit einem Mal ging alles Schlag auf Schlag.

Der Jäger tauschte die Schusswaffen, bestückte das Betäubungsgewehr mit dem Pfeil ganz links und registrierte dabei, wie das Subjekt in großen Sätzen, ihm gegenüber, auf die Lichtung preschte.

Zuerst musste er den Zeugen ausschalten, dann konnte er sich um das eigentliche Problem kümmern.

Er durchbrach zielstrebig die letzte Baumreihe, trat auf die Waldschneise und richtete den Lauf der Waffe auf das geöffnete Fenster der Kanzel. Mehrere Faktoren sprachen für ein chancenloses Unterfangen, doch er hätte diesen Job nicht, wenn ›unmöglich‹ in seinem Sprachgebrauch vorkäme. Er war der Beste, ausgestattet mit dem neuesten Equipment, Talent und dem Willen, stets ganz vorne mitzumischen.

Der Bestimmungsort befand sich knapp siebzig Meter entfernt, mit einem Höhenunterschied von gut fünfeinhalb Metern, Seitenwind und einer winzigen Zielfläche – knifflig, aber machbar. Der andere Schütze beugte sich weit aus dem Hochsitz, vermutlich weil er nicht begriff, was auf der gegenüberliegenden Seite der Lichtung gerade seine Jagdbeute auseinandernahm.

Der Jäger legte an, bemerkte latent, dass der Waidmann günstigerweise Linkshänder war, atmete konzentriert aus und ignorierte das schauerliche Triumphgeheul des Subjekts. Schlussendlich schoss er.

Nach dreißig Sekunden sackte der Förster in dem Hochsitz zusammen. Zum Glück fiel das Gewehr nicht über die Brüstung in den Schnee und ihm blieb die Mühe erspart, dieses zurückbringen zu müssen.

Er legte den zweiten Pfeil ein, diesmal griff er den aus der rechten Lasche auf der Kevlarweste, den mit der höchsten Konzentration an Narkotika. Er nahm das Betäubungsgewehr in Anschlag.

Der Jäger näherte sich dem Individuum langsam und beinah lautlos. Es schmatzte, zerriss und versank tief mit der Schnauze in dem Kadaver, während es den leblosen Leib mit den Vorderpranken leicht anhob. Seine Ohren zuckten, und urplötzlich reckte es den mächtigen Hals samt Schädel aus dem aufgebrochenen Wildschweinkörper. Es ließ sich auf alle viere niederfallen und sein schwarzer Fang glänzte blutig im silbernen Mondlicht. Es knurrte ihn grollend und durchdringend an.

Sein Blick wechselte schnell zwischen dem formlosen Fleischberg am Boden und der Bedrohung, die sich zielstrebig näherte.

Es entschied blitzschnell, setzte zum Sprung an, und er schoss.

Der Pfeil traf es an der Flanke, trotzdem versuchte es einen weiteren Satz, und der Jäger fürchtete für einen kurzen Moment, die Dosis, die imstande war, einen Elefantenbullen auszuknocken, könnte versagen. Doch schlagartig hatte es nicht einmal mehr die Kraft, um sich aufzurichten.

Zur Sicherheit lud er einen zweiten Pfeil nach und hielt den Lauf der Waffe unentwegt auf den schwarzen Pelz gerichtet.

Er wartete, beobachtete kühl, wie das Narkosemittel seine Wirkung tat und das Wesen mit einem jämmerlichen Laut im Schnee zusammenbrach. Nachdem er die angeordnete Funkstille gebrochen hatte und die Zusage kam, dass der Helikopter in knapp zehn Minuten bei ihm sein würde, meldete er sich bei seinem Fahrer.

Donnernd kam der Hubschrauber näher und bei der Landung auf der Lichtung schlug dem Jäger Schnee entgegen. Regungslos verweilte er mit dem Gewehr im Anschlag.

Erst als sich ein kleiner Trupp Soldaten mit schweren, klirrenden Ketten näherte, lockerte er kurz die Schultern. Gemeinsam verfrachteten sie das Subjekt in eine überdimensionale Metallkiste, in der auch gut und gerne zwei Säbelzahntiger Platz gefunden hätten. Er gab Anweisung, den Wildschweinkadaver ebenfalls mitzunehmen.

Die atypischen Reißspuren würden nur für unnötigen Ärger sorgen. Der Heli verschwand und mit ihm zusammen sämtliche Spuren im Schnee.

*Der nächste Morgen, 6:47 Uhr, mitten im Wald*

Der erste Jäger beugte sich grübelnd über einen Betäubungspfeil, den er neben einer leeren Patronenhülse auf dem alten Teppich gefunden hatte, und rieb sich an der rechten Halsseite eine kleine, schmerzhafte Stelle. Sein Blick schweifte nach draußen auf die verschneite Lichtung, während seine andere über die Befiederung des Pfeils strich.

# Proband X

Sie kommen, um dich zu holen.

Sie kommen immer, um dich zu holen. Sie kratzen mit scharfen Krallen an den Rändern des Unterbewusstseins, lassen Träume platzen und entführen ins Nichts. In etwas, das schlimmer ist als die Dunkelheit, in eine andere Realität. Auf die andere Seite. Und je mehr du dich wehrst, desto grausamer ist das, was du dort erlebst, je heftiger du dich sträubst, desto gewaltsamer werden die Vorstellungen, denen du ausgesetzt bist. Es gibt Ungeheuer, und es gibt dich. Um deine Furcht zu bekämpfen, musst du zu dem werden, was du fürchtest.

**BIST DU BEREIT, DICH DEINEN ÄNGSTEN ZU STELLEN?**

Die Anzeige entbehrte jeglicher Finesse.

Sie unterschied sich in nichts von all den anderen reißerischen Annoncen, die sich auf den vorletzten Seiten der Tageszeitungen oder auf den Monitoren des öffentlichen Nahverkehrs tummelten. Angefangen von den dubiosen Aufforderungen, jemanden wegen eines Erbes zu kontaktieren, bis hin zu den Verzweifelten und Einsamen, die sich für eine Nacht in Märchenprinzen verwandelten. Zumindest so lange, bis die grausame Sachlichkeit eines Spiegels ihnen die Frösche zeigte, die sie waren.

Trotzdem hatte sie X hierhergeführt. Zu diesem Gebäude in einem Teil der Stadt, in dem er vorher noch nie gewesen war. *Institut für Verhaltensforschung* las er auf einer unauffälligen Plakette an einem nicht ganz unauffälligen Eingangsbereich mitsamt Pförtnerloge. X stand wie erstarrt davor, den Kopf ein wenig in den Nacken zurückgelegt. Konnte sich nicht rühren. Konnte sich nicht entscheiden.

Der Pförtnerbereich war leer, stellte er fest, als er durch das Fenster schielte. Er stieß den Atem aus, den er angehalten hatte, erleichtert oder frustriert, er wusste es nicht. Machte einen Schritt zurück, dann noch einen.

Prallte gegen etwas. Oder jemanden.

»Möchten Sie zu uns, mein junger Freund?« Der Mann hinter ihm war kaum eine Schuhsohle größer als er, kaum älter, kaum … gefährlich.

Obwohl die Augen des anderen nicht denen einer Schlange glichen, fühlte sich X wie das Kaninchen.

»Sie sind wegen der Anzeige hier.« Eine leise Frage, nicht als solche gestellt.

Stummes Nicken. X entschied sich. Ein leichter Druck auf seinem Arm, X folgte nicht, X ging voraus. Er hob den Kopf, hatte irgendwann einmal gelesen, dass eine stolze äußere Haltung eine ebensolche innere bewirkte.

Es stimmte nicht.

»Einen Moment.«

Die sanfte Stimme des Mannes ohne Schlangenaugen ließ ihn innehalten, erstarren. Sie befanden sich in einem langen Gang, der mit schmutziggrauem Linoleum ausgelegt war und von Neonlampen grell erleuchtet wurde.

»Warten Sie?« Wieder eine Frage, die keine war.

X würde nicht weglaufen. Nie wieder. Auch nicht vor Ungeheuern.

Der Mann verschwand, bewegte sich fast lautlos. Als X den Kopf hob, stand er allein in dem Flur, der ihn frösteln ließ, obwohl es nicht kalt war. Schnell sah er nach unten, auf seine Hände, die mit einem Narbengeflecht überzogen waren. Die Narben verschwanden unter den Ärmeln, doch sie hörten nicht auf. Sie hörten niemals auf. Waren immer da. Er wollte es nicht anders, wollte sich jeden Tag, jede Stunde, jeden Moment erinnern. An ein Lächeln, das niemals von den Lippen wich, blitzende Zähne, blitzende Klingen, glühende Zigaretten. Da war eine Stimme in ihm.

Die Stimme seines Herrn. Seines Vaters.

»Guten Tag.«

Er blickte auf. Ein weiterer Mann. Älter. Grauer. Gebeugter. *Ein Professor*, dachte er.

»Ich bin Doktor G.« Ein lascher Händedruck, eine müde Kopfbewegung. »Gehen wir. Haben Sie etwas gegen eine kleine Unterhaltung?«

Diese Frage *war* eine Frage. X schüttelte den Kopf. Ein Seil schlang sich um seinen Hals. Unsichtbar. Nur in seinem Kopf, dennoch nicht weniger echt. Er schluckte, rang nach Luft. Zu wenig. Hier gab es zu wenig Sauerstoff. Ihm schwindelte.

Der Mann ohne Schlangenaugen schob behutsam eine Hand unter X' Ellenbogen.

Stützte. Führte. Folgte.

Wortlos.

X konnte wieder durchatmen, aber es fiel ihm nicht leichter.

Der Doktor ließ ihm den Vortritt in einen kleinen Raum. X wollte sofort umkehren, gehen, rennen. Weit weg. Sich nicht mehr umdrehen. Doch in ihm klang nicht nur die Stimme des Herrn. In ihm kauerte auch ein kleiner, verängstigter Junge, der gern ein Drachentöter sein wollte. Er war jetzt auf dem Weg dorthin. Ein Lehrling. Er würde lernen, wie man die Drachen bekämpfte.

*Wenn sie nicht schneller sind*, dachte X, schloss diesen Gedanken weg, in einen Käfig. In den Käfig, in den er auch bald die Drachen sperren konnte. Tot oder lebendig.

»Haben Sie sich auf unserer Internetseite informiert?«, fragte Doktor G ruhig.

Zum ersten Mal öffnete X den Mund. Reden war keine unwillkürliche Fähigkeit mehr. Sandpapier auf der Zunge, am Gaumen, in seinen Innereien. Er konnte noch kein Schwert heben, aber er würde dem Drachen ins Gesicht sehen. »Gehirnforschung. Gewalttäter. Rehabilitation.« Mehr brachte er nicht hervor. Ein Anfang.

Der Mann ohne Schlangenaugen schwieg und beobachtete.

Doktor G nickte. »Und was sind Ihre Erfahrungen mit Gewalt?«

»Alles!«, stieß X hervor. »Alles.« Es ergab keinen Sinn, das wusste er. Also krempelte er den Ärmel seiner Jacke auf. Zerrte den Pullover hoch, drehte sich um, entblößte seinen Rücken.

Die Männer starrten auf eine zerfurchte Landkarte aus Bosheit und Grausamkeit.

Doktor G neigte den Kopf. »Ein Verwandter?«

»Mein Vater.« Er nannte einen Namen. Hochgezogene Augenbrauen. Nicht unerwartet.

»Sie sind X.« Der Mann ohne Schlangenaugen sprach ehrfürchtig. »Sie sind perfekt. Niemand ist so perfekt wie Sie.«

Sie schlugen über ihm zusammen, die Bilder, die Schreie, *seine* Schreie. Er stürzte ins Nichts und sah die Flüssigkeit. Dunkel. Klebrig. Nicht mehr warm. Das war kein Blut, nein, nein, das war … Flüssigkeit. Irgendeine. Die von etwas tropfte, etwas Langem, Hellem, Scharfem. Da war auch keine Stimme, die flüsterte und flüsterte und flüsterte: *Kleiner Bastard. Leide. Stirb.*

Er riss die Augen auf, weit auf. Drachentöter! Das wollte er sein!

»Atmen Sie.« Doktor G. »Ganz ruhig, nicht zu tief. Konzentrieren Sie sich auf meine Stimme. Gut machen Sie das.« G verschränkte die Hände. »Wir testen eine neuartige Behandlungsmethode. Stark vereinfacht ausgedrückt verbinden wir zwei Gehirne, das eines Gewalttäters und das eines Menschen, der Gewalt erlebt hat. Wir setzen die Probanden gewissen Reizen aus und assimilieren den Geist des Gewalttäters mit dem eines Opfers. Natürlich sorgen wir dafür, dass das Gehirn desjenigen, der die Gewalt erlebt hat, dominant ist. Der Täter wird spüren, was es heißt, Angst zu haben. Er wird den Schmerz des Opfers erleben, die Verzweiflung, die Hoffnungslosigkeit.«

X schluckte. »Ja«, flüsterte er, wagte es nicht, den Blick zu heben. »Gab es bereits Kandidaten vor mir?« Da! Er konnte sprechen. Er konnte denken. Er konnte ein Schwert führen. Irgendwann einmal.

G zögerte unmerklich. »Wir hatten Bewerber, die sich vorgestellt haben, doch niemand hat bis jetzt so gut in unser Raster gepasst wie Sie. Sehen Sie, da kommen Leute – Weltverbesserer, Ignoranten, die nichts erlebt haben, nichts verstehen.« Er brach ab, aber X wusste, was er ihm sagen wollte.

»Niemand von denen …« Niemand von denen war gefoltert worden. Niemand von denen *wusste*, wie der Tod schmeckte.

Der Mann ohne Schlangenaugen näherte sich X auf leisen Sohlen. »Möchten Sie einen Rundgang machen? Wenn Sie danach immer noch an dem Test teilnehmen wollen, würde ich einen medizinischen Check an Ihnen vornehmen, um sicherzustellen, dass Sie gesund und stark genug sind?«

*Er formuliert gern Fragen, die keine Fragen sind,* dachte X und nickte knapp.

G stand auf. »Vielen Dank für Ihren Mut.« Er reichte ihm nicht die Hand, keiner der beiden berührte ihn in diesem Augenblick.

X fühlte sich nicht mutig. Er ging hinter dem Mann her, der sich als D vorstellte. Sie liefen durch endlose Gänge, betraten Büros, Labore, medizinische Abteilungen. Alles hell erleuchtet. Fast schon schmerzhaft grelles Licht in den Fluren, Räumen, doch er beschwerte sich nicht.

Es gab keine einzige Stelle, in der ein Schatten lauern konnte. Kein Platz für Ungeheuer, die sich aus der Dunkelheit auf ihn stürzten. X wusste, dass das nicht stimmte. Sie mussten mindestens einen Drachen hier haben, sonst könnten sie ihr Experiment gar nicht erst starten.

Er verstand nicht viel von dem, was D ihm erklärte, aber er stellte keine Fragen und hörte auch nicht sehr aufmerksam zu.

X war kein Weltverbesserer. Ihm reichte es, wenn es ihm besser ging.

Als die letzten medizinischen Tests beendet wurden, schien es ihm, als wäre er einen Marathon gelaufen. Er hatte das Gefühl, im Sitzen einschlafen zu können, und tat es auch. Zumindest schrak er zusammen, als Doktor G neben ihm stand; in seinem zerfurchten Gesicht lag ein helles Leuchten. G sah aus, als wären für ihn Weihnachten und Ostern auf einen Tag gefallen.

»Mein lieber X«, sagte er. Wiederholte es gleich noch einmal. »Mein lieber X!« Mit mehr Nachdruck. »Wir können sofort anfangen, wenn Sie so weit sind.«

*Was? Heute noch? Jetzt?* X schluckte, verschluckte sich. »Ich bin so müde.«

Nur ein Murmeln, doch G hörte ihn trotzdem.

»Das ist perfekt!«, versicherte er. »Ihre Gehirnwellen werden sich schneller unseren Reizen anpassen. Verstehen Sie?«

X verstand nicht wirklich, aber das gab er nicht zu. »Weil ich mich nicht wehren soll?«, flüsterte er. Auch eine Frage, die eigentlich keine war.

»So ist es.« Der Mann ohne Schlangenaugen lächelte ihn freundlich an. »Kommen Sie mit, schauen Sie!« Er hastete voran, mit plötzlicher, unglaublicher Energie. X folgte, sah sich einem länglichen, hellen Raum gegenüber, blieb an der Tür stehen. Ein Bett genau in der Mitte, und allein der Anblick dieses Bettes ließ seine Glieder schwer werden. Nicht einmal die blinkenden Maschinen, aus denen Schläuche und Kabel führten, störten ihn.

»Legen Sie sich hin«, schlug D vor. »Probieren Sie es aus. Nein, nein, lassen Sie die Schuhe und all Ihre Sachen an.«

X gehorchte. Das konnte er gut. Die Matratze war so weich, dass er versank, und sie passte sich seiner Körperform an. Doktor G hob etwas hoch, das wie eine Badekappe aussah und von dem unzählige Kabel mit metallischen Knöpfen hingen. G erklärte; ein ununterbrochener Redestrom floss aus seinem Mund, doch X konnte mit all diesen Fremdwörtern nichts anfangen. »Elektroden«, sagte G. Und »Elektroenzephalografie« und »Hirnstrommessung«. Er redete von Hirnwellenfrequenzen und Anpassung und Übertragung und Synapsen, von Schnittstellen und Assimilation.

X schloss die Augen, als ihm die Kappe übergestülpt wurde.

D übernahm die Erläuterungen, und obwohl X auch nicht begriff, was der Mann ohne Schlangenaugen sagte, schwieg er. Ein leichtes Summen vibrierte in seinem Kopf, und Doktor G tippte energisch in das Eingabefeld der medizinischen Anlage.

X' Haaransätze kribbelten.

»Sind Sie bereit?«

Er nickte stumm. War es nicht ohnehin zu spät für diese Frage? Er kam her, um Monstern zu zeigen, was einer ihrer Art ihm angetan hatte. Es sollte das ethische Bewusstsein dieses Monsters verändern. Für X war es nichts anderes, als entweder den Drachen zu töten oder endgültig von ihm verschlungen zu werden.

Das Summen verstärkte sich, wurde tiefer, schien sein Innerstes einzuhüllen. Selbst wenn er die Augen jetzt öffnen wollte – er könnte es nicht. Er begann zu schweben, seine Arme, seine Beine, sein Körper wurden schwerelos. X war leicht wie ein Ballon, und er stieg höher. Er befand sich in einem diffusen Zwielicht, in einem watteweichen Nebel, und er wusste, er war in seinem Geist angekommen. *Gut*, dachte er. *Genau so soll es sein.*

Zuerst müsse man in sich selbst ruhen, hatte ihm D erklärt. Erst wenn er sicher verankert sei, werde man das Monster hinzuschalten und es von X übernehmen lassen.

Ein kalter Hauch drang aus dem Boden, strich über ihn hinweg. Die feinen Härchen auf seinen Armen stellten sich auf, und er spannte sich an.

*Nicht kämpfen*, hatte der Mann ohne Schlangenaugen gesagt.

*Nicht wehren*, hatte G hinzugefügt.

X atmete heftig, gab nach, konnte sich jedoch nicht daran hindern, sich umzudrehen. Er sah nichts, da war nur watteweiche, graue Unendlichkeit. War sein Geist so leer oder musste das ein so körperloses Nichts sein? Frost schloss sich um ihn, und es wurde immer kälter. X war überzeugt, dass Raureif auf seinem Inneren lag. Die Kälte breitete sich aus, nahm ihm die Luft.

Sein rasselnder Atem dröhnte überlaut in dem Nebel. Und da war eine Stimme in seinem Kopf, eine Stimme, die er kannte, zu gut kannte.

*Du kleiner Bastard*, flüsterte die Stimme. *Kleiner, dreckiger Bastard. Hast du mich vermisst? Hast du gedacht, es wäre vorbei? Hast du geglaubt, du könntest mir entkommen? Du kannst mir nicht entkommen, X, weil du ein Teil von mir bist. Ich habe dich gezeugt, ich habe dich geformt, ich bin der Herr und Meister, ich bin dein Gott. Du bist weniger als nichts, und du hast es gewagt, dich mir entgegenzustellen? Ich werde dich bestrafen, leiden lassen, quälen, deine Haut abziehen, dich töten.*

Wo kam die Stimme her? X konnte nicht mehr denken. Er sollte über das Böse triumphieren, er wollte der Drachentöter sein.

Stattdessen war der Drache über ihm, auf ihm, in ihm. Er riss mit seinen Klauen tiefe Löcher in seinen Leib, Blut spritzte, als sich eine scharfe, sichelförmige Kralle tief in seinen Brustkorb bohrte und dort langsam und genüsslich die Haut zerteilte, wie mit einem Buttermesser durch Eingeweide und Organe schnitt.

Rippen boten keine Abwehr, keinen Schutz. Zerbrachen, wurden zu Staub zermahlen, als würden sie nicht existieren. Wie war es möglich, dass er in seinem Geist schreiend auf dem Boden lag und sich in Todesangst wand?

X riss die Augen auf und konnte wieder sehen. Erkannte seinen Körper, der noch immer auf dem Bett lag, wenn auch nicht regungslos. Sein Atem flog, seine Brust hob und senkte sich und brannte lichterloh, schien Feuer gefangen zu haben, so schwer fiel es ihm, Luft in seine Lunge zu pumpen.

D stand neben ihm, redete beruhigend auf ihn ein. Da war nur ein Rauschen in seinen Ohren, ein gewaltiger Strom, der ihn von der Außenwelt abschnitt.

»Er kann Ihnen nichts tun«, sagte D beschwörend. »Aber Sie dürfen sich nicht wehren, denn das ist es, was er will.«

Nicht wehren? Er begriff nicht. Doktor G hatte gesagt, er würde den Geist des Ungeheuers in seine Schmerzen hüllen, würde ihm vermitteln, was X angetan worden war, doch nichts davon war geschehen.

D beugte sich über ihn. »Sie müssen nachgeben«, sagte er ernst. »Diese Monster leben von der verzweifelten Gegenwehr, also wehren Sie sich nicht. Wenn Sie sofort Qualen erleiden, ist Ihr Geist dem seinen überlegen, das kennt er nicht, und er wird verzweifeln.«

X hatte Fragen, viele Fragen, aber er kam nicht dazu, sie zu stellen, denn das Summen begann wieder, und schon war er allein in seinem Geist. Er musste nicht lange warten, bis er nicht mehr allein war.

G und der Mann ohne Schlangenaugen sahen regungslos zu. Sie saßen hinter einer dicken Glasscheibe und betrachteten den zuckenden Mann auf dem Bett. Er hatte seinen Mund weit aufgerissen und schrie.
Lautlos.
Seine Hände zitterten, die Beine krampften. G berührte den Touchscreen, veränderte einige Parameter. Sie beobachteten stumm, wie X erschlaffte.
Die Tür öffnete sich automatisch; ein Lämmchen stakste auf unsicheren Beinen in den nur marginal erleuchteten Raum.
X schlug die Augen auf. Lächelte. Sah sich um. Nahm das breite, gekrümmte Messer, das neben ihm lag.
D machte sich Notizen. *Verschmelzung geglückt. Kandidat X hat bestanden.*
Dunkle Flüssigkeit spritzte an die Glasscheibe.

Der Wind zieht heulend durch die geplatzten Fensterscheiben, Glasscherben drohen zackig in einen gleichmütigen grauen Himmel. Eingestürzte Wände und wie Strohhalme abgeknickte Stahlträger vereinigen sich zu einem Trümmerfeld. Geborstene Gasleitungen ragen leichenstarr aus großen, zertrümmerten Steinplatten. Jemand, der hier durchginge, würde Bruchstücke des Gebäudes unter seinen Füßen zermalmen, Beton und Rohre und Leitungen, zersetzt und verrostet. Vielleicht würde er auf einem halb eingefallenen Schreibtisch die vergilbte Zeitung entdecken, den Staub wegwischen und die Schlagzeile entziffern.

*Menschen im Blutrausch! Städte überrannt! Unzählige Todesopfer zu beklagen! Polizei und Militär machtlos!*

Doch es ist niemand mehr da, der diese Worte lesen könnte. Niemand.

Die Drachentöter sind alle tot.

# Rache aus dem See

Grelle Flammen schlugen in den dunklen Himmel, Funken stoben knisternd daraus hervor und verschwanden wie Glühwürmchen in der Nacht. Schwarzen Riesen gleich ragten die Eichen um die kleine Lichtung auf, und zerfetzte graue Wolken schoben sich langsam vor den silbernen Vollmond. Vom See her krochen dünne Nebelschwaden über den Boden und tauchten den Wald in mystischen Dunst.

Das flackernde Spiel der Flammen warf gespenstische Schatten auf die Gesichter der sechs Jugendlichen, die sich um das Lagerfeuer versammelt hatten.

»… und nachts, wenn alles schläft, wird die Harfe erklingen. Die verfluchten Saiten locken diejenigen, die nicht ohne Schuld sind, hinein in den See. Niemand bekommt sie je wieder zu Gesicht.« Eric sprach mit gesenkter Stimme und ließ den Blick bei seinen Worten über seine Freunde wandern, sah jeden von ihnen eindringlich an. »Man erzählt, dass die Fangarme eines Seemonsters sich um ihre Beine schlingen und sie unerbittlich in die Tiefe ziehen, wo sie elendig ertrinken.«

Für eine Sekunde herrschte Totenstille am Lagerfeuer, nur das leise Knacken der Flammen erfüllte die Ruhe des Waldes. Anna war während der Geschichte näher zu Brad gerutscht, der schützend einen Arm um sie legte, Corey kaute nervös auf ihrer Unterlippe und hatte Dylans Hand so fest umklammert, dass selbst im fahlen Schein des Feuers ihre Knöchel weiß hervortraten. Nur Fallon saß allein, die Beine angezogen und die Arme um die Knie geschlungen, während ihr Blick wie festgenagelt auf Dylan lag.

»Das ist doch Schwachsinn!« Beim Klang von Brads Stimme zuckte sie leicht zusammen. »Wenn keiner vom See zurückkommt, woher will man dann wissen, dass Krakenarme einen da in die Tiefe ziehen? Die ganze Geschichte ist totaler Mist, du hattest echt schon bessere auf Lager.«

Eric seufzte tief. »Dir kann man wirklich keine Gruselgeschichte erzählen. Es ist jedes Mal dasselbe. Die sollen dir Angst einjagen, nicht logisch sein.« Sein Blick huschte zu den drei Mädchen, und er grinste zufrieden. »Aber wenigstens gruselt sich irgendjemand heute Abend. Passt auf, dass euch das Rache-Monster diese Nacht nicht in den See lockt. Wer weiß, wer von uns genug Dreck am Stecken hat, um den Durst nach Rache und Gerechtigkeit zu entfachen.«

Während die anderen abwinkten oder sich an einem nervösen Lachen versuchten, schwieg Fallon und starrte in die wild tanzenden Flammen. Ein kalter Schauer kroch ihren Rücken hinab, und die Worte ihres Bruders hallten durch ihre Gedanken.

*Diejenigen, die nicht ohne Schuld sind.*

Sie wusste genau, wen sich das Monster vornehmen würde, sollte es wirklich existieren. Wusste, wen es rächen würde, wenn die

Geschichte wirklich wahr war, und wer die Melodie der verwunschenen Harfe als Erstes hören würde, wenn sie heute Nacht erklang.

Zitternd schlang sie die Arme enger um die Beine und ließ den Kopf auf die Knie sinken. Die Flammen des Lagerfeuers wurden von Minute zu Minute kleiner und die Luft um sie herum kälter, während ihr die Schatten des Waldes immer bedrohlicher erschienen. Der kühle Wind hatte die Wolken vertrieben und ließ die Blätter in den Baumkronen leise rascheln.

Fallon sah erschrocken auf, als jemand sie an der Schulter berührte und Eric mit einem Hauch Sorge im Blick auf sie hinabschaute.

»Wir gehen in die Zelte. Willst du noch am Feuer bleiben? Ich kann dir Gesellschaft leisten«, bot ihr Bruder an, doch sie schüttelte den Kopf und stand auf. Fahrig klopfte sie sich den Dreck des Waldbodens von den Klamotten. »War dir die Geschichte zu gruselig?«, fragte er leise weiter und griff nach der Hand seiner Schwester. »Du weißt, dass du nicht wirklich Angst haben musst.«

»Schon gut«, sagte Fallon mit rauer Stimme und räusperte sich kurz. Sie hatte niemandem erzählt, was passiert war, und vermutlich würde sie das auch in Zukunft nicht. Sie schenkte ihrem Bruder ein wenig überzeugendes Lächeln und kroch langsam in ihr Zelt, während er das Lagerfeuer löschte.

Dunkelheit senkte sich über die Lichtung, und die Geschichte am Lagerfeuer ließ sie einfach nicht los. Das Mondlicht warf noch eine Weile Erics Schatten an ihre Zeltwand, dann war ihr Bruder in seinem eigenen Zelt verschwunden und auch die letzten Geräusche verklangen. Nicht einmal ein Flüstern war zu hören. Es war so still, dass Fallon nur ihren eigenen Herzschlag vernahm. Laut und stetig pochte er und jagte das Blut rauschend durch ihre Ohren.

Die Stille war erdrückend und lastete so schwer auf ihrer Brust, dass ihr das Atmen schwerfiel. Sie drehte sich auf den Rücken und rang nach Luft.

Doch mit jedem weiteren Augenblick schien die Luft um sie herum dünner zu werden. Zweige knackten vor dem Zelt, der Wind fuhr leise flüsternd durch die letzten Blätter. Die Schatten der Äste bewegten sich über ihr, bildeten abstruse Formen. Kalter Schweiß benetzte ihre Haut, ihr Haar klebte an ihrer Stirn.

Da hörte sie es.

Leise, leuchtende Klänge schwebten durch die Dunkelheit an ihre Ohren. Gezupfte Saiten formten eine liebliche Melodie, die durch die Finsternis tanzte.

Panik breitete sich in Fallon aus. Ruckartig kämpfte sie sich aus dem knisternden Schlafsack, zerrte die Zeltplane beiseite und kroch auf allen vieren nach draußen. Kalte, frische Luft schlug ihr entgegen. Ihr Atem bildete wabernde weiße Wölkchen vor ihrem Gesicht, vermischte sich mit dem wallenden Dunst über dem Boden. Der Wald erhob sich beängstigend aus dem bleichen Nebelmeer. Sie fühlte sich klein und verloren in der gespenstischen Nacht.

Hastig sprang Fallon auf, als etwas hinter ihr im Gebüsch knackte. Gehetzt blickte sie sich um. Schwarze Schatten schienen sich in der Dunkelheit zu bewegen. Die Angst griff mit erbarmungslosen Klauen nach ihrem rasenden Herzen. Fallon drehte sich um und rannte.

*Immer weiter trugen ihre Füße sie durch den dunklen Wald.*

*Ihre Schritte klangen dumpf auf dem rauen Waldboden. Zweige brachen unter ihrem Gewicht, und ihre Lunge brannte schmerzhaft bei jedem keuchenden Atemzug. Sie glaubte bereits, bald keine Luft mehr zu bekommen.*

*Dünne Äste kratzten über ihre nackten Arme, als sie den schmalen Pfad verließ und sich zwischen die Bäume und Sträucher schlug, hinein in das düstere Dickicht.*

*Trotz des schwachen Vollmondlichts, das durch das karge Blätterdach fiel, konnte sie kaum etwas erkennen.*

*Einen Moment blieb sie stehen. Ihre Beine gaben zitternd nach und sie sank erschöpft auf den harten Waldboden. Sie lauschte. Ihr Herz schlug laut und das Blut pochte schmerzhaft in ihren Ohren. Ihr Atem ging stoßweise. Der Wind wehte leise durch die letzten Blätter. Das Heulen einer Eule erklang in weiter Ferne.*

*Dann ein Knacken.*

*Direkt hinter ihr.*

*Angst packte sie, umklammerte ihr Herz mit eisigen Klauen.*

Wie gierige Krallen griffen die Erinnerungen nach ihr, verschwammen mit der Realität, und sie stolperte mehr, als dass sie lief. Tränen verschleierten ihren Blick. Durch den wabernden Nebelschleier und das fahle Mondlicht konnte sie den Boden nicht sehen. Doch sie spürte, dass er mit jedem Schritt weicher und sumpfiger wurde.

Erstarrt blieb sie stehen, ihr keuchender Atem vermischte sich mit den metallischen Klängen der Harfensaiten, die mit jedem ihrer Schritte lauter und klarer geworden waren. Vor ihr erstreckte sich das Ufer eines Sees. Tiefschwarz lag er vor ihr. Mondlicht glitzerte mystisch auf der glatten Oberfläche, und ein gespenstisches Leuchten schwebte über dem Wasser. Sanft wie Wellen schwappte der Harfenklang ans Ufer, und das silbrige Licht streckte seine kalten Finger auf den Waldrand zu.

Fallons Herz setzte einen Schlag aus, als sie sich voller Angst wieder einen Schritt zurück zwischen die Bäume schob und dort verharrte. Wie gebannt lauschte sie der lieblichen, unschuldigen Melodie und folgte den zarten Lichtfingern mit ihrem Blick.

Sie hielt den Atem an, als könnte sie sich so vor ihnen verstecken, aber nur einen Augenblick später trat eine weitere Gestalt aus der Schwärze des Waldes. Ein eisiger Schauer rann Fallons Rücken hinab, prickelte bis in die letzte Zelle ihres Körpers.

*Eine Sekunde später presste ihr jemand eine Hand auf Mund und Nase. Sie weitete panisch die Augen und versuchte, die Hand wegzuziehen. Doch es fühlte sich an, als hätte Fallon keine Kraft mehr. Keine Kontrolle. Sie zitterte am gesamten Körper.*

*»Renn nicht weg, Fallon«, flüsterte eine bekannte Stimme dicht neben ihrem Ohr.*

*Ihre Lunge brannte, ihr Blickfeld verschwamm, wurde dunkler, und ihr Körper erschlaffte in seinen Händen.*


Wie hypnotisiert bewegte sich Dylan auf das sumpfige Seeufer zu, folgte dem Licht und den unschuldigen Harfenklängen, die ihn verzauberten. Die seine Sinne benebelten und ihn gefangen nahmen.

Die Wasseroberfläche kräuselte sich und sandte weiche Wellen durch den See, als er sie berührte. Der Wasserspiegel erzitterte, das Mondlicht darauf flackerte unruhig wie ein aufgeschrecktes Tier.

Urplötzlich verstummte die Harfe, und das gespenstische Leuchten verschwand lautlos im Wasser.

Schwere Stille legte sich geisterhaft über das Ufer, und kein Laut war mehr zu hören. Der Wind raschelte nicht länger in den Bäumen, kein Knacken ertönte im Geäst.

Nichts deutete mehr auf die verwunschenen Harfenklänge hin.

Dylan blinzelte wie aus einem wirren Traum erwacht und sah sich langsam um. Bodenlose Angst erfüllte ihn, als er erkannte, wo er sich befand.

*Du wirst bezahlen für das, was du getan hast.*

Gespenstisch und kalt hallte Fallons Stimme durch seine Gedanken, und für den Bruchteil einer Sekunde wich seine Angst einer erschreckenden Klarheit.

»Nein.« Seine Stimme klang kraftlos und zittrig.

Als ein dunkles Grollen aus der Tiefe erklang und die Wasseroberfläche schlagartig erzitterte, kam Leben in ihn. Er zappelte panisch, ruderte mit den Armen, schlug wild auf den dunklen Wasserspiegel ein. Versuchte, aus dem See zu entkommen, doch sein Körper gehorchte ihm nicht. Seine Bewegungen waren fahrig, seine Beine schwer wie Blei, und seine Füße versanken mit jedem Widerstand tiefer im schlammigen Grund des Sees.

Etwas schlang sich fest um seine Knöchel und zog ihn unerbittlich weiter in die bodenlose Tiefe.

Kalt und schwarz schlug das Wasser über seinem Kopf zusammen, verschlang ihn wie das Monster der Geschichten und erstickte seinen verzweifelten Schrei nach Hilfe.

Kaum war sein Körper unter der Oberfläche verschwunden, war das Wasser wieder spiegelglatt, als wäre in den letzten Sekunden nichts geschehen. Die dichten Nebelschwaden zogen sich aus dem Wald zurück, glitten lautlos über den See und lösten sich im Vollmondlicht in dünnen Schlieren auf.

*Ein Traum, nur ein Traum*, das waren die ersten Worte, die Fallon in den Sinn kamen, als sie am nächsten Morgen die Augen aufschlug.

Die Sonne sandte ihre ersten wärmenden Strahlen durch das karge Blätterdach der Eichen, und Fallon zog langsam den Reißverschluss am Zelteingang auf.

Mit eiligen Schritten trat Brad aus dem Wald auf die Lichtung. »Keine Spur. Wo ist der Kerl?« Er fuhr sich durch die ohnehin schon verstrubbelten Haare und wandte sich an Corey. »Und du bist echt nicht wach geworden und weißt, wo er hin ist? Ihr habt in einem Zelt geschlafen.«

Corey schüttelte den Kopf und schlang die Arme um ihren schmalen Körper. »Ich sag doch, als ich aufgewacht bin, war er weg. Ich dachte, er wäre einfach schon hier draußen, aber ...« Ihre sorgenvolle Stimme verlor sich mitten im Satz und sie senkte den Blick.

Dylan. Sie sprachen von Dylan. Eine kribbelnde Gänsehaut breitete sich auf Fallons Armen aus und eisige Kälte durchströmte ihren Körper, als sie zögernd aus dem Zelt kroch. Wie ein Film zuckten Bilder durch ihren Kopf. Ein spiegelglatter See in dunkler Nacht, feiner Nebel und eine Gestalt am Ufer.

»Hey ... Fallon?«

Erschrocken richtete sie den Blick auf Eric, als er sie am Arm berührte. Mit großen Augen sah sie ihn an.

»Hast du Dylan gesehen? Oder mitbekommen, dass er heute Nacht ... wegwollte?« Auch ihr Bruder klang ehrlich besorgt um seinen besten Freund.

*Wenn du wüsstest ...*, flüsterte eine leise Stimme in Fallons Gedanken. Erneut blitzte Dylans Gestalt im See vor ihrem inneren Auge auf, sein zappelnder Körper, als etwas ihn unter Wasser zog.

Sie schluckte den Kloß in ihrer Kehle hinunter und schüttelte den Kopf. »Ich hab keine Ahnung, wo er ist«, antwortete sie leise, doch mit fester Stimme. Das schlechte Gewissen, das darauf brannte, ihm von dem Traum zu erzählen, drängte sie zurück in den hintersten Winkel ihrer Seele, verschloss es gemeinsam mit den Erinnerungen an das, was damals geschehen war.

Ob die letzte Nacht nun ein Traum oder die Wirklichkeit gewesen war, Fallon war sich sicher, dass Dylan seinem Schicksal nicht entkommen war.

# Schwarze Erde

Jack hatte schon immer gewusst, dass es ihn irgendwann einholen würde.

Es war mehr als zwanzig Jahre her. In den frühen Neunzigern, an einem jener unerträglich heißen Sommertage, an denen die Luft flirrte und Zikaden in trockenen Feldern zirpten, brachen sie das Gesetz. Nicht *das* Gesetz, versteht sich. Das ungeschriebene Gesetz der Stadt, von dem irgendwie jeder wusste, auch wenn niemand darüber sprach: Das verlassene Grundstück der Johnsons war tabu.

Aber es war Sommer. Jacks bester Freund Harvey und er langweilten sich, nachdem sie schon zwei Wochen lang so ziemlich jeden Unfug angestellt hatten, den zwei abenteuerlustige vierzehnjährige Jungs anstellen konnten. Sie waren auf der Suche nach Nervenkitzel.

»Ich wette, du traust dich nicht zu den Johnsons«, hatte Harvey an diesem Morgen gesagt, während sie auf Jacks Veranda selbst gemachte Zitronenlimonade geschlürft hatten. Sie waren unter sich. Jacks Eltern mussten arbeiten, doch wie immer hatte seine Ma ihnen Lunchpakete für den Tag hinterlassen.

»Ich wette, *du* traust dich nicht«, konterte Jack. »Das ist eine bescheuerte Idee.«

»Quatsch. Was soll schon passieren? Das Haus ist bis auf die Grundmauern abgebrannt und sonst ist da nur ein bisschen Wald. Na los. Oder hast du eine bessere Idee, wie es heute nicht öde wird?«

Hatte er nicht. Leider. Also rollte Jack nur mit den Augen, sagte »Na schön« und war wenig später hinter Harvey über glühenden Asphalt zu den Johnsons geradelt. Von dem Haus war nichts übrig. Bloß Grundmauern, geschwärzte, halb überwucherte Überreste, die irgendwann einmal zu einem richtigen Heim gehört hatten. Sie versteckten ihre Fahrräder hinter ein paar Büschen, und nach einigen verstohlenen Blicken nach links und rechts huschten sie schon auf die verbotene Erde.

»Komm schon!«, zischte Harvey, als Jack einen Moment lang stehen blieb und den Efeu betrachtete, der die Ruine erobert hatte.

Mit einem leisen Seufzen folgte Jack.

Harvey hielt schnurstracks auf die Bäume zu, quer über das Feld, direkt hinter dem abgebrannten Haus. Die Sonne brannte auf diesem Teil der Strecke noch erbarmungsloser auf sie nieder. Als sie bei den dunklen Bäumen ankamen, waren ihre T-Shirts durchgeschwitzt. In dem Wald wurde es schlagartig kühler. Es war schattig, zwielichtig beinahe. Die Laubkronen über ihnen waren so dicht, dass nur vereinzelte Flecken Licht auf den Waldboden fielen. Erleichtert und grinsend vor Aufregung stießen sie sich die Ellenbogen gegenseitig in die Rippen. Unter ihren Füßen raschelte Laub. Sie waren so damit beschäftigt, sich zu kabbeln, dass sie gar nicht merkten, wohin sie gingen.

»Woah«, machte Harvey auf einmal. »Was ist das?«

*Das* war eine große, verwitterte Holzplatte, die wie ein Deckel über einen kniehohen Kreis aus Steinen geschoben war. Die Erde darum war feucht. Jack blieb stehen.

»Ich glaube, das ist ... ein Brunnen?«

»Ein Brunnen!« Harvey grinste. »Mann, das müssen wir uns ansehen!«

»Harvey –«

Im nächsten Moment zog er Jack schon mit sich und packte eine Seite der Holzplatte. Schnaufend zerrte er daran. Jack würde dieses schabende Geräusch, mit dem die Platte von den Steinen rutschte, nie vergessen. Es ging so schnell. Plötzlich gähnte dort ein dunkles Loch vor ihnen, während über ihnen die Blätter in der Brise raschelten.

Es gefiel ihm nicht.

»Lass uns gehen. Das ist doch nur ein alter Brunnen.«

»Machst du Witze? Das ist die coolste Entdeckung seit Wochen«, sagte Harvey.

Jack schnaufte. Mit verschränkten Armen sah er zu, wie Harvey sich einen faustgroßen Stein schnappte. Im nächsten Moment ließ er ihn in den Brunnen fallen. Lauschend beugten sie sich vor.

Drei Sekunden.

Fünf.

Zehn.

Nichts.

»Ist er am Grund gelandet?«, brach Harvey die Stille.

Jack schüttelte langsam den Kopf. »Nein ... vielleicht war es auch nur zu leise?«

Harvey antwortete nicht. Er spähte nur in die Dunkelheit, die Stirn gerunzelt. Auch Jack blickte hinab. Da waren jedoch nur Wände aus

Stein, und irgendwann war es zu finster, als dass er noch irgendwas hätte erkennen können.

»Hörst du das?« Harvey wisperte nur.

Jack spitzte die Ohren. Er hörte nichts. *Gar nichts.* Bisher hatte er es nicht bemerkt, aber er hörte nicht mal mehr das Zirpen der Zikaden. Keine Brise, die im Laub raschelte. Es war so still, dass seine eigenen Atemzüge unnatürlich laut schienen. Er fröstelte.

»Nein«, flüsterte Jack. »Was ... was sollte ich denn hören?«

»Da ist –« Harvey brach ab. »Ich glaube, da unten ist was.«

Jack starrte seinen besten Freund einen langen Moment an, doch der sah nur weiter in den Brunnen hinab. Auch er warf noch einen Blick in das schwarze Loch. Da unten rührte sich rein gar nichts. Scharf stieß er die Luft aus.

»Mann, Harvey! Verarsch mich nicht, das ist nicht lustig!« Jack versetzte Harvey einen Stoß gegen die Schulter. Er stolperte einen Schritt zurück und blinzelte. Dann grinste er.

»Hättest mal dein Gesicht sehen müssen«, sagte Harvey. »Komm, hauen wir ab. Du hattest recht, so spannend ist das nicht.«

Jack gab es nicht zu, aber er war erleichtert. Sie ließen das Waldstück hinter sich, und mit dem Sonnenlicht brannte auch die sengende Hitze wieder auf sie nieder. Das Leben kehrte schlagartig zurück, das Zirpen der Zikaden und die lockeren Scherze. Als sie wieder auf die Räder stiegen, mit schwarzer Erde, die an ihren Schuhen klebte, sah Harvey über die Schulter zurück zum Wald.

»Alles in Ordnung?«, fragte Jack.

»Klar«, sagte Harvey.


Sie sprachen nicht darüber. Weder direkt danach noch in den nächsten Tagen. Jack war das ganz recht. Er wollte nicht mehr daran denken. Für ihn hatte sich das Geheimnis um das Johnson-Grundstück entzaubert, und viel mehr gab es auch nicht dazu zu sagen.

Also machten sie weiter wie bisher. Fuhren auf ihren Fahrrädern durch die Stadt, wichen größeren, genauso gelangweilten Gruppen von Jungs aus, von denen sie schon mehrfach durch die Gegend gejagt worden waren, und gingen im See schwimmen.

An diesem Morgen war jedoch etwas anders. Jack saß wie immer auf der Veranda und las einen Comic, während er auf Harvey wartete. Es war bereits warm, aber noch nicht so heiß, dass man es kaum draußen aushielt. Auf seinem Schoß balancierte er eine Schüssel Cornflakes. Abwesend löffelte er die durchweichten Flakes und blätterte durch die Seiten. Normalerweise schaffte er den Comic immer nur bis zur Hälfte, bis Harvey auftauchte. Heute hob Jack blinzelnd den Kopf, als er das Heft wieder zugeklappt und auf den Tisch geschoben hatte. Sein Blick wanderte über die ruhige Straße mit ihren hübschen Familienhäuschen.

Harvey war zu spät.

Jack runzelte die Stirn. Harvey kam *nie* zu spät. Er hatte es immer eilig. Seine Eltern waren … na ja. Nicht die besten. Einige Momente saß Jack noch auf der Holzbank, ehe er erst einmal die Schüssel und den Comic nach drinnen brachte. Er wusste gar nicht, was er jetzt machen sollte. Zu Harvey fahren? Weiter hier auf ihn warten?

»Jaaaack?«

Eine Welle der Erleichterung flutete ihn. Er stellte die Schale in die Spüle und hastete zurück nach draußen. Da stand er. Harvey grinste schief und rieb sich den Nacken. Sein Fahrrad lag hinter ihm auf dem Rasen.

»Sorry. Ich habe verpennt und bin so schnell hergefahren, wie ich konnte«, sagte er.

»Macht nix.« Jack lächelte.

»Krieg ich trotzdem noch ne Schale Cornflakes?«, wollte Harvey wissen. »Ich bin am Verhungern.«

»Klar. Komm rein. Ich bin übrigens mit dem neuen *Spiderman* durch, willst du das Heft ausleihen?«

»Da fragst du noch?« Grinsend versetzte Harvey ihm einen Ellenbogenstoß in die Seite. »Danke, du bist der Beste.«

Gemeinsam gingen sie zurück nach drinnen. Harvey kletterte auf einen der Barhocker in der Küche, und Jack schob ihm eine frische Schale mit Cornflakes hin. Mit vollem Mund plapperte Harvey vor sich hin, die Sonne fing sich in seinem dunklen Wuschelhaar.

Jack musste lachen, als er wild gestikulierend von seinem Traum erzählte, in dem sie das Haus von einem ihrer Schulpeiniger nicht bloß mit normalen Eiern, sondern mit riesigen *Straußeneiern* beworfen hatten.

»Geschähe ihm ganz recht«, fand Jack und ging um die Kücheninsel herum, um sich auf den Hocker neben Harvey zu setzen. Er schob ihm das Comicheft hin. Harvey nuschelte ein Dankeschön und fuhr damit fort, seinen Traum in illustren Farben auszuführen.

Unter normalen Umständen wäre Jack die dunkle Erde vor der Haustür gar nicht aufgefallen. Dreck war nichts, was ihn störte. Leider sah sein Dad das anders. Genau denselben Dreck hatte Jack vor einigen Tagen vom Boden schrubben müssen, da er derjenige gewesen war, der ihn nach ihrem Abenteuer auf dem Johnson-Grundstück hineingetragen hatte.

Jacks Blick folgte der frischen Erde wie einer Spur aus Brotkrumen. Sie endete bei Harveys ausgelatschten Chucks.

Jack musterte seinen besten Freund. Er redete immer noch von seinem Traum, oder eher gesagt davon, dass sie wirklich Eier auf das Haus werfen sollten. Während Harvey schon einen Plan schmiedete, versuchte Jack noch zu begreifen, was er sah.

Harvey hatte nicht verschlafen.

Er hatte gelogen.

Es geschah immer häufiger.

Hätte man Jack vorher gefragt, ob er Harvey für einen Lügner halte, hätte er vehement verneint. Harvey war der ehrlichste Mensch, den er kannte. Manchmal ein wenig *zu* ehrlich, aber man wusste, woran man bei ihm war.

Als Harvey zum vierten Mal *verschlief* und mit Erde an den Schuhen auftauchte, hatte Jack die Nase voll. Oder vielmehr hatte er wegen ihres Gesprächs die Nase voll.

»Woher kommt der Dreck an deinen Schuhen?«, hatte Jack gesagt. »Sieht aus wie die Erde bei diesem Brunnen.«

»Hm?« Harvey hatte den Blick zu seinen Chucks gesenkt. »Oh. Das ist doch einfach nur Dreck, Jack. Bei uns ist es eben nicht so schön wie bei euch. Tut mir leid, wenn ich alles schmutzig mache.«

»Nein, das ist es nicht, ich …« Jack seufzte. »Vergiss es. Sollen wir an den See?«

Danach hatte er es nicht mehr erwähnt. Jack hatte Harvey aber trotzdem nicht geglaubt, weswegen er sich einerseits ziemlich mies fühlte, andererseits auch irgendwie zornig war. Er war doch nicht dumm. Irgendwas stimmte nicht. Es ging ihm in erster Linie nicht mal darum, dass Harvey ihn angelogen hatte. Jack machte sich Sorgen.

Trotzdem fühlte er sich wie ein Verräter, als er an diesem Morgen gemeinsam mit seinen Eltern aufstand, ihre verwunderten Kommentare ignorierte, warum er schon auf den Beinen war, und in unmenschlicher Frühe zu Harveys Haus radelte.

Der Morgen war noch blass und kühl, der Himmel in einem weichen Blau gemalt. Das Haus von Harveys Eltern war wirklich nicht besonders schön. Auf dem Grundstück lag allerhand alter Kram herum, rostige Metallteile, vermoderndes Holz. Das bisschen Rasen, das überlebt hatte, war gelb und ausgetrocknet. Die Erde war hart. Staubig. Keine Chance, dass das der Dreck war, der regelmäßig an Harveys Schuhen klebte.

Bei dieser Erkenntnis fühlte Jack jedoch keinen Triumph. Es bedeutete, dass sein bester Freund ihn wirklich anlog. Mit einem Kloß im Hals versteckte er sich hinter ein paar Büschen, von denen aus er das windschiefe Haus im Blick halten konnte.

Harveys Fahrrad lehnte neben der Tür. Also war er noch da. Es war wie in einem der Detektivfilme, die Jack so mochte. Nur dass es dieses Mal nicht um irgendeinen mysteriösen Mord ging, sondern um seinen besten Freund.

Jack hoffte, dass er sich irrte.

Worin er sich definitiv geirrt hatte, war, dass er es für aufregend gehalten hatte, jemanden zu beschatten. War es nicht. Er langweilte sich, der Hintern tat ihm weh, und müde war er auch. Jack war schon kurz davor, einzunicken, als sich plötzlich etwas tat.

Die Haustür öffnete sich. Harvey schob sich nach draußen, und mit aller Vorsicht zog er die Tür danach hinter sich zu. Ohne sich groß umzusehen, schnappte er sich sein Fahrrad. Dann schwang er sich auf den Sattel und fuhr los. Erst einen Moment später realisierte Jack, dass er ihm ja auch folgen musste.

Während Harvey bereits die Straße hinabfuhr, kam er hastig aus seinem Versteck hervor und radelte ihm in sicherem Abstand hinterher.

Jack schlug das Herz die ganze Zeit bis zum Hals. Es wurde nicht besser, als Harvey in die Straße einbog, in der das Johnsons-Grundstück lag. Oder als er von seinem Fahrrad stieg, es halbherzig hinter ein paar dürren Sträuchern versteckte und schnurstracks in Richtung des Waldstücks lief.

Jack schluckte. Er *wollte* nicht noch einmal dorthin. Aber er wollte auch wissen, was mit seinem besten Freund los war.

Hektisch schob er sein Fahrrad auf der anderen Straßenseite hinter eine Gartenlaube und huschte Harvey hinterher. Inzwischen war er nur noch eine kleine Gestalt im blassen Morgenlicht. Die Sonne war noch nicht über die Baumwipfel gestiegen.

Jack musste sich beeilen, um aufzuholen. Alles in ihm sträubte sich dagegen, noch einmal in diesen Wald zu gehen, er wollte nicht, er wollte wirklich nicht.

Harvey verschwand zwischen den Bäumen.

»Scheiße«, sagte Jack und fing an zu rennen.

An der Waldgrenze blieb er stehen. Er zwang sich, ruhig zu atmen, ehe er sich überwand und den ersten Schritt hinein in den kühlen Schatten machte. Suchend sah er sich um. Wo war Harvey? Geduckt schlich Jack von Baum zu Baum. Hier und dort hing noch ein bisschen Nebel zwischen den Baumstämmen. Wie geisterhafte Finger, die über Rinde und Moos strichen. Es roch nach feuchter Erde und

Laub. Egal, wie sehr Jack sich darum bemühte, leise zu sein, irgendwas raschelte immer unter seinen Schuhen. Über ihm rauschten die Baumkronen in der lauen Brise. Er konnte nur hoffen, dass das genügte, um sein unbeholfenes Beschatten zu übertönen.

Eine Bewegung ein Stück vor ihm ließ Jack wie angewurzelt innehalten. Da blitzte etwas rot-schwarz Kariertes auf. Harveys Hemd.

Jack stockte der Atem. Er hatte ihn gefunden. Wie gebannt beobachtete er, wie sein bester Freund durch den Wald stapfte und sehr genau zu wissen schien, wohin er wollte. Eigentlich wusste Jack es auch.

Harvey blieb vor dem verwitterten Brunnen stehen.

Er stand dort einfach nur. Lange Sekunden, in denen er nichts anderes tat, als in den Brunnen zu starren. Es war so still. Sein eigener Herzschlag hämmerte Jack so laut in den Ohren, dass er glaubte, Harvey müsse ihn hören. Tat er aber nicht. Er blickte bloß hinab in die Tiefe. Unbewegt wie ein Monolith. Wäre er nicht gerade noch zum Brunnen gegangen, hätte Jack ihn im Zwielicht unter den Bäumen für eine Statue gehalten.

Er wagte es nicht, sich zu rühren.

Er wusste nicht, wie viel Zeit verging.

Es fühlte sich an wie Stunden. Jack spähte an dem Baum vorbei, hinter dem er sich versteckte, und wartete darauf, dass *irgendetwas* geschah. Dass Harvey sich grinsend umdrehte und ihn auslachte, weil er ihm einen Streich gespielt hatte. Aber sosehr Jack auch hoffte, es geschah nicht. Sein bester Freund starrte nur in den Brunnen, und der Brunnen starrte zurück.

Jack hielt es nicht mehr aus. Es war zu viel. So leise er konnte, wich er zurück. Da war der Baum zwischen ihnen als Sichtschutz, doch inzwischen war es ihm egal, ob Harvey ihn doch sah. Er wollte einfach nur weg. Nach einigen Metern, die Jack sich noch zum Schleichen gezwungen hatte, fing er an zu rennen. Er blieb nicht stehen, bis er sein Fahrrad erreichte. Keuchend zerrte er es hinter der Laube hervor, mit Gänsehaut auf den nackten Armen und Erde an den Schuhen.

Als Jack zu Hause ankam, verschloss er zum ersten Mal die Haustür. Und er öffnete sie nicht, als Harvey zwei Stunden später anklopfte und nach ihm rief.

Am nächsten Morgen fühlte sich Jack mies. Er hatte seinen *besten Freund* ausgeschlossen wie einen Hund, den man nicht mehr im Haus haben wollte. Die Erinnerung an den Wald war vage. Nachdem er eine Nacht darüber geschlafen hatte, fragte er sich, warum er so ausgeflippt war.

Dann hatte Harvey eben vor diesem blöden Brunnen gestanden, na und? Wenn Jack nicht mit ihm redete, würde er nicht herausfinden, was los war. Und ob das Ganze nicht vielleicht wirklich nur ein gut geplanter Streich war.

Also setzte sich Jack wieder auf die Veranda, nachdem seine Eltern zur Arbeit gefahren waren, und wartete. Angespannt. Er schaffte es nicht wirklich, sich auf seinen Comic zu konzentrieren. In erster Linie starrte er zur Straße und hoffte, dass dort eine vertraute Gestalt auftauchte.

Es war eine Geduldsprobe. Wie schon in den letzten Tagen kam Harvey zu spät.

Als er dort schließlich auftauchte, in erdigen Chucks, kurzer Hose und löchrigem T-Shirt, fiel Jack ein Stein vom Herzen. Aber als er diesen vorsichtigen Blick sah, den Harvey ihm zuwarf, hatte er sofort ein schlechtes Gewissen.

»Hey«, sagte Harvey.

»Hey«, antwortete Jack.

Harvey blieb vor den Stufen der Veranda stehen. Er zupfte am Saum seines T-Shirts.

»Bist du böse auf mich?«, fragte er unsicher. »Ich war gestern hier und die Tür war zu. Tut mir leid, dass ich in letzter Zeit dauernd verschlafe, ich weiß auch nicht, was mit mir los ist.«

»Ja, ich bin sauer.« Jack runzelte die Stirn. »Warum lügst du mich an, Harvey? Ich weiß, dass du nicht verschläfst.«

Harvey blinzelte.

»Ähm ... doch?«

»Erzähl keinen Mist«, sagte Jack und verschränkte die Arme vor der Brust. »Ich bin dir gestern Morgen gefolgt. Du bist total früh wach gewesen. Du bist zum Grundstück der Johnsons gefahren und im Wald verschwunden.«

Harvey starrte ihn an.

»Was?«

»Jetzt tu doch nicht so!« Jack schnaubte. »Du bist in den Wald gegangen, zu diesem verdammten Brunnen! Und du hast nichts anderes getan, als ihn ewig anzustarren!«

»Jack, ich ... ich war da nicht, ich ... ich schwöre dir, ich habe verschlafen und bin direkt hierhergefahren«, stotterte Harvey. »Was sollte ich denn da überhaupt wollen?«

»Weiß ich doch nicht! Alles, was ich weiß, ist, dass ich dich gestern *gesehen* habe! Und da klebt doch schon wieder diese schwarze Erde an deinen Schuhen!« Aufgebracht zeigte Jack auf seine Chucks in ausgeblichenem Rot. »Und jetzt komm mir nicht mit der Erklärung, dass sie von eurem Grundstück stammt! Da ist alles knochentrocken! Hör einfach auf, mich zu verarschen. Wenn das ein Streich ist, ist er nicht mehr witzig!«

Harvey sah ihn an wie ein Golden Retriever, der nicht wusste, warum er ausgeschimpft wurde. Dann fiel sein Blick auf seine Schuhe. Auf die Erde, die daran klebte. Als er den Kopf wieder hob, schluckte er schwer.

»Ich schwöre dir, es ist kein Streich«, sagte er. »Und ich schwöre dir, dass ich dich nicht anlüge, Jack. Ich schwöre auf unsere Freundschaft. Ich ... ich weiß nicht, was los ist. Wenn ich aufwache, bin ich in meinem Zimmer, und ich habe verschlafen. Egal, ob ich mir einen Wecker gestellt habe oder nicht.«

Harvey ließ sich auf die Verandastufen sinken und vergrub den Kopf in den Händen.

»Was passiert mit mir?«, flüsterte er.

Jacks Gedanken rasten. Harvey wusste es nicht? Es war kein Spaß? Da war ein Teil in ihm, der wie gestern einfach weglaufen wollte. Aber er atmete tief durch, stand auf und setzte sich neben seinem besten Freund auf die Stufen.

»Okay«, sagte er leise. »Ich glaube dir.«

Harvey sah ihn ängstlich an.

»Was sollen wir denn jetzt machen?«

»Du schläfst heute Nacht hier. Und wenn du morgen früh wieder zu dem Brunnen willst, mache ich dich wach. Oder ... was auch immer.« Jack versuchte, Zuversicht auszustrahlen. »Ich lasse dich nicht noch mal da hingehen. Versprochen.«

»Danke«, sagte Harvey. Seufzend linste er zu Jack. »Ich wüsste nicht, was ich ohne dich tun sollte.«

Jack boxte ihn halbherzig gegen den Oberarm und lächelte schief.

»Halt die Klappe. Wir sind doch Freunde.«

Jacks Eltern hatten keine Einwände, dass Harvey bei ihm übernachtete. Auch Harveys Eltern hatten zugestimmt, nachdem er ihnen versprochen hatte, eine Woche lang den Abwasch zu übernehmen. Es fühlte sich sicher an, als sie es sich in Jacks Zimmer gemütlich machten. Harvey auf einer losen Matratze auf dem Boden, Jack in seinem schmalen Bett. Morgen früh würde Harvey nicht zum Brunnen wandern.

»Gute Nacht, Jack«, flüsterte Harvey.

»Gute Nacht«, flüsterte Jack zurück.

Im Nachhinein konnte er den Moment, in dem er einschlief, nicht benennen. Er kam auf Samtpfoten, und Jack merkte gar nicht, wie er in den Schlaf hinüberglitt.

Das Aufwachen merkte er jedoch sehr deutlich. Plötzlich fuhr Jack hoch. Es war noch dunkel, sein Herz raste. Sein Blick huschte durch die weiche Schwärze seines Zimmers.

Vor dem Fenster war etwas.

Nur ein Umriss, und im ersten Moment glaubte er, dass es Harvey war. Aber er war es nicht. Die Arme und Beine waren zu lang und zu dünn. Der Rücken war zu gebeugt. Und die Finger, die sich nach Jack streckten, hatten zu viele Gelenke.

Mit einem unterdrückten Schrei riss Jack an der Kette seiner Nachttischlampe. Warmes Licht flutete sein Zimmer. Panisch sah er sich um. Da war nichts. Kein *Ding*, keine Gestalt. Nur sein Zimmer.

Und Harvey.

»Was'n los?« Schlaftrunken hob er den Kopf von der Matratze und blinzelte mit schweren Augen. Als er sah, dass Jack zitternd im Bett saß, klärte sich sein verschlafener Blick. »Jack?«

»Da war was. Im Dunkeln. Ich hab's gesehen.«

»Wie, da war was?« Hastig schaute sich Harvey um. Nur um die Stirn zu runzeln. »Hier ist nichts. Hast du ... hast du vielleicht geträumt?«

*Nein*, wollte Jack sagen, aber die Wahrheit war, dass er es nicht wusste. Jetzt erkannte er die Bäume draußen vor seinem Fenster. Das blasse Mondlicht, in dem sie ein wenig unheimlich aussahen. Vielleicht hatte ihn diese Sache mit dem Brunnen nur etwas durchdrehen lassen und er hatte etwas gesehen, was gar nicht dort war. Das klang plausibel, oder?

»Ja ... ja, vielleicht.«

»Es ist alles in Ordnung, Jack«, sagte Harvey und lächelte müde. »Wirklich. Kannst das Licht ruhig den Rest der Nacht anlassen, wenn dir das lieber ist.«

»Ich bin doch kein Weichei«, murmelte Jack.

»Weiß ich.«

Mit einem tiefen Ausatmen ließ Jack sich zurück in sein Kissen sinken. Langsam beruhigte sich sein hämmernder Herzschlag. Es war alles in Ordnung. Er hatte sich nur etwas eingebildet. Trotzdem ließ er seine Nachttischlampe an. Harveys Atemzüge wurden wieder tief und gleichmäßig, und der Laut lullte Jack so weit ein, dass auch er irgendwann einschlief.

Als Jack das nächste Mal aufwachte, war es draußen bereits hell. Seine Nachttischlampe brannte noch immer.

»Harvey?«, krächzte er. Er rieb sich die verklebten Augen. »Harvey, bist du wach?«

Keine Antwort. Jack sah zu der Matratze, und im nächsten Moment wurde ihm schlecht.

Harvey war weg.

»Nein«, sagte er. »Nein, nein, nein, *verdammt* –«

Jack sprang förmlich aus dem Bett. Noch in Boxershorts rannte er aus seinem Zimmer. Im Spiegel im Flur war seine Reflexion nur ein vorbeisprintender Schemen mit wild abstehendem, dunkelblondem Haar. Jack brach sich beinahe etwas, so eilig hastete er die Treppen nach unten, hoffte inständig, dass Harvey einfach nur schon frühstückte.

»Jack?«, fragte sein Dad verwundert, als er in die Küche platzte. Es war Wochenende, seine Eltern mussten nicht arbeiten.

»Ist Harvey hier?«

»Ich dachte, ihr schlaft noch. Ist alles in Ordnung?« Sein Dad runzelte die Stirn, während er das Rührei in der Pfanne wendete. Jack riss die Haustür auf. Sein Blick jagte über die Veranda. Nichts.

»… Jack?«

Harveys Fahrrad war weg. Jack rutschte das Herz in die Hose. Er hatte es verschlafen. Er hatte seinem besten Freund versprochen, dass er auf ihn aufpasste, und er hatte es verschlafen. Jack wirbelte herum und hastete zurück zur Treppe.

»Dad, ich muss kurz weg!«, rief er. »Ein Streich, du weißt ja, wie Harvey und ich sind.«

»Aber das Frühstück –«

»Tut mir leid!«

Zurück in seinem Zimmer zog Jack sich in Rekordzeit an. Wie hatte er nur verpassen können, dass Harvey wieder zu diesem verfluchten Brunnen ging?! Bestimmt nur, weil er diesen Albtraum gehabt hatte und danach so lange nicht wieder einschlafen konnte. Wäre er nicht so ein Weichei gewesen –

Jack erstarrte. Unter seinem Fenster lagen ein paar Krümel Erde. Sie waren schwarz.

Sein Magen verknotete sich. Er wollte alles, nur nicht zurück *dorthin*.

Trotzdem schnappte er sich seinen Baseballschläger und rannte zu seinem Fahrrad, vorbei an seinen Eltern, die ihm nur verwirrt hinterherriefen.

Jack raste wie ein Besessener zu dem Johnson-Grundstück. Er ließ sein Fahrrad neben Harveys in die Büsche fallen und sprintete quer über das Feld. Seine Lunge brannte, der Baseballschläger rutschte ihm mehrmals fast aus der schwitzigen Hand, aber er blieb nicht stehen. Und dieses Mal war er nicht leise.

»Harvey!«, brüllte Jack in den Wald hinein. »Harvey, ich komme!«

Er tauchte in das Dämmerlicht des Waldes. Zweige knackten unter seinen Sohlen, Laub raschelte. Immer wieder rief er nach Harvey. Er lief und lief und lief, anfangs hektisch, dann ungläubig. Mehrmals ging Jack zur Waldgrenze zurück, zwang sich zur Ruhe und lief schnurgerade zwischen den Bäumen hindurch. Er kannte den Weg.

Aber sosehr er sich auch bemühte, so oft er es versuchte, der Brunnen tauchte nicht auf.

Und Harvey auch nicht.

Als Jack schließlich aufgab, schleppte er sich wie in Trance zurück nach Hause. Die Sonne blutete über die Dächer.

Dort waren die besorgten Mienen seiner Eltern, die ihn umarmten, Fragen, die dumpf wie unter Wasser zu ihm durchdrangen.

»Harvey ist weg«, flüsterte Jack nur. »Er ist weg.«

Harvey blieb verschwunden. Die Polizei hatte die Suche nach einer Weile eingestellt. Jack erinnerte sich an die Erklärung, dass der Junge aus *schwierigen Verhältnissen* stamme und leider davongelaufen sei. Niemand konnte es ihm verdenken.

Als wäre Harvey einfach so weggelaufen. Der Rest des Sommers war wie ein verschwommener Traum. Jack ging nicht mehr nach draußen, und in den Nächten hielt er seinen Baseballschläger umklammert. Er wartete darauf, dass *es* zurückkam.

Irgendwann erzählte Jack seinen Eltern die Geschichte mit dem Brunnen. Nach der Ermahnung, dass das Johnson-Grundstück doch tabu sei, brachte es ihm viele Therapiesitzungen bei einer freundlichen älteren Dame ein, die ihm attestierte, dass sein Verstand eine eigene Erklärung gefunden habe, um mit dem Verlust seines besten Freunds umzugehen. Dass es nicht real sei und man sich manchmal der Tatsache stellen müsse, dass es leider keine zufriedenstellenden Antworten gebe.

Jack erkannte, dass ihm niemand glaubte. Er hatte nicht einmal Beweise. Also hörte er auf, die Wahrheit zu sagen, und tat so, als würde er langsam einsehen, dass Harvey weggelaufen war. Er war froh, als seine Eltern sich nicht mehr so schreckliche Sorgen um ihn machten. Aber schlafen, schlafen konnte Jack nie wieder wirklich gut.

Ein paar Mal ging er noch in den Wald. Schon als er ihn betrat, wusste er, dass es umsonst war. Der Wald *klang* sogar anders. Vögel zwitscherten, kleine Tiere raschelten im Unterholz. Es war nur ein Wald. Die Stille war fort und mit ihr der Brunnen.

In der Schule hielt sich Jack von den anderen fern. Nachdem er seinen Abschluss gemacht hatte, verließ er die Stadt und ging an ein College weit weg. Er kam nur noch zurück, um seine Eltern zu besuchen – und um einige Jahre später auf das Begräbnis von Harveys Mutter zu gehen.

»Der Junge ist schuld«, hatte Harveys Vater geflüstert. »Der verdammte Junge ist schuld. Sie hat sich totgesoffen wegen ihm. Hat ihr das Herz gebrochen.«

»Es war nicht seine Schuld«, hatte Jack gesagt, bevor er ging. »Und sein Name war Harvey.«

Jack füllte die Jahre danach mit Arbeit und seine schlaflosen Nächte mit erfolglosen Recherchen. Er führte Beziehungen. Die ersten hielten nicht lange, die letzte war hingegen wundervoll. Die beiden Töchter seiner Frau liebte er wie seine eigenen, und manchmal, wenn die beiden einander ärgerten und lachten, musste er an sich selbst und Harvey denken. Sie lebten sogar in einer Gegend, die seinem alten Zuhause bei seinen Eltern ähnelte; mit Feldern und einigen Wäldern. Jack näherte sich ihnen nie. Auch den Mädchen schärfte er ein, sich von ihnen fernzuhalten.

Es geschah jedoch nie etwas, und mit den Jahren ließ Jacks Vorsicht nach.

In einer Nacht erzählte er seiner Frau von dem mysteriösen Verschwinden seines besten Freundes. Sie war die Erste, die ihm wirklich zuhörte. Die ihm nicht sagte, dass er sich das alles nur eingebildet habe. Er wusste, warum er sie liebte.

In gewisser Hinsicht hatte Jack seinen Frieden mit der Sache gemacht. Er *hatte* akzeptiert, dass es nicht auf alles eine Antwort gab. Nur anders, als die Therapeutin es damals gemeint hatte.

Dementsprechend dachte er sich nicht viel dabei, als er an einem Morgen in das Büro seiner Chefin gerufen wurde.

»Ich verstehe nicht, was mit Ihnen los ist, Mr. Williams. Das ist schon das dritte Mal, dass Sie in dieser Woche unentschuldigt zu spät kommen«, sagte seine Chefin. »Derlei ist doch gar nicht Ihre Art. Was ist los?«

Einen Moment lang starrte Jack sie nur an. Dann senkte er den Blick auf seine Schuhe. An dem Leder klebte schwarze Erde.

Seine Augen füllten sich mit Tränen.

»Es tut mir leid«, sagte Jack. »Ich habe verschlafen.«

# Sturmnacht

Ein Blick auf die Wanduhr verriet ihr, dass es kurz vor Mitternacht war. Der Regen peitschte von außen gegen das Schlafzimmerfenster, und ein Anflug schlechten Gewissens regte sich in ihr.

War es wirklich notwendig gewesen, dass sie Mario bei diesem Mistwetter zur Tankstelle hatte gehen lassen? Und das nur, weil sie ein urplötzliches Verlangen nach Erdnussflips überkommen hatte?

»Immerhin hat er es von sich aus angeboten«, murmelte sie und streichelte die Wölbung ihres Bauches, die selbst unter dem dicken Pullover nicht mehr zu übersehen war.

Aus dem Erdgeschoss hörte sie, wie die Haustür geöffnet wurde und der Wind um die Ecke heulte. Sekunden später fiel die Tür wieder ins Schloss und sperrte den Sturm, den Regen und das Draußen aus.

»Ist es so ungemütlich, wie es klingt?«, rief sie nach unten und erhob sich schwerfällig von der Matratze. Die Versuchung war groß, aber auf keinen Fall würde sie die krümeligen Flips im Bett essen.

Eine Windböe rüttelte an den Rollläden, und ein Schauer lief ihr über den Rücken. Im Haus war es nicht kalt. Es waren die Geräusche von draußen, die dafür sorgten, dass sie fror.

»Mario?«

Keine Antwort. Sie seufzte. Er war doch sauer.

Mit dem leicht watschelnden Gang, der sich bei ihr in den letzten Tagen eingestellt hatte, jetzt, da die Geburt kurz bevorstand, tappte sie den Flur entlang. Sie fuhr mit einer Hand über Raufasertapete und streichelte mit der anderen den Stoff ihres Pullovers, der inzwischen schon deutlich spannte.

Am oberen Treppenabsatz angelangt blieb sie stehen und ließ beide Arme sinken.

Es brannte kein Licht im Erdgeschoss.

Hatte sie sich das Geräusch der Haustür nur eingebildet? »Mario?« Sie rief erneut seinen Namen, nur dass ihre Stimme dieses Mal nicht so laut war. Schlimmer noch: Sie zitterte.

Ihre rechte Hand legte sich auf das Treppengeländer und mit angehaltenem Atem setzte sie einen Fuß auf die oberste Stufe.

Sie hörte klar und deutlich, dass da unten jemand war, lauschte den Schritten auf dem Fliesenboden in der Küche. Doch sie gehörten nicht ihrem Mann.

Mario hätte ihr geantwortet. Er würde nicht im Dunkeln und auf Zehenspitzen ins Wohnzimmer schleichen, dabei gegen eine Schrankecke stoßen und einen Fluch unterdrücken. Ihre Hand krampfte sich um das Geländer, der zweite Fuß gesellte sich zu dem ersten.

»Mario?« Ihre Stimme war kaum mehr als ein Flüstern, ein kläglicher Versuch, sich einzureden, alles sei in Ordnung. Es bestand die

Möglichkeit, dass sie sich irrte und der Sturm so laut tobte, dass sie nicht mehr in der Lage war zu unterscheiden, ob die Geräusche von draußen oder drinnen kamen.

Im Schlafzimmer knallte es, vermutlich war ein Ast von außen gegen die Fensterscheibe geflogen. Dennoch fuhr sie herum und starrte nach oben in die Dunkelheit, obwohl sie sicher war, dass sich dort niemand aufhielt. Niemand sein konnte.

Sie presste die Lippen aufeinander, um nicht aufzuschreien. Der Wind hatte an Stärke gewonnen, tobte um die Häuserecken und ließ die Dächer erzittern.

Sie setzte ihre Füße zwei Stufen nach unten, hielt inne, lauschte und nahm zwei weitere Stufen, als sie nichts mehr hörte.

Hatte sie sich doch alles nur eingebildet? Aber wo war dann Mario?

Die Tankstelle war nur eine Straßenecke entfernt, er hätte schon längst zurück sein müssen.

Weitere endlose Minuten stand sie auf der Treppe und versuchte, die Geräusche von draußen auszublenden. Im Erdgeschoss regte sich nichts. Oder nichts mehr? Sie war sich nicht sicher. Dennoch konnte sie nicht ewig hier stehen bleiben.

Entweder dort war niemand und ihr rasender Herzschlag würde sich endlich wieder beruhigen, wenn sie sich vergewissert hatte. Oder sie hatte sich nicht verhört. In dem Fall würde sie Hilfe holen. Mit dem Handy, das unten im Wohnzimmer lag. Oder raus in den Sturm und zu den Nachbarn.

Falls sie es bis dahin schaffte …

Sie schüttelte energisch den Kopf, um die Gedanken zu vertreiben, dann schlich sie die Treppe bis ins Erdgeschoss hinunter, ohne ein weiteres Mal stehen zu bleiben.

Sie hielt vor der Haustür an und betrachtete den Fußboden. Wassertropfen und nasse Blätter. Vom Wind hereingetragen, als der geheimnisvolle Eindringling ins Haus gekommen war.

Oder als Mario das Haus verlassen hatte.

Wie lange war das her? Wären die Tropfen nicht schon getrocknet?

Sie hob den Arm, doch die Armbanduhr hatte sie vor einigen Stunden abgelegt und auf dem Waschbeckenrand im oberen Badezimmer liegen lassen.

Sie versuchte, abzuschätzen, wie lange sie jetzt schon allein im Haus war. Sicherlich länger als dreißig Minuten. Zu lange.

Und sie war sich nach wie vor nicht sicher, ob sie noch immer allein war.

Ein Knacken hinter ihr ließ sie zusammenfahren. Die eine Hand presste sie auf ihren Mund, um nicht zu schreien, die andere Hand fuhr Richtung Haustür, bereit, diese jeden Moment aufzureißen, damit sie in den Sturm flüchten konnte.

Aber da war niemand.

Ihr Atem ging stoßweise, während sie dastand, dem Pochen ihres Herzens lauschte und in die Dunkelheit horchte.

Kein Laut drang aus dem Wohnzimmer heraus, doch sämtliche Härchen auf ihren Unterarmen hatten sich aufgestellt.

Sie schluckte einmal kräftig, streckte die Hand nach dem Lichtschalter aus und ließ sie dann wieder sinken.

Es war dunkel, jedoch nicht so dunkel, dass sie nicht in der Lage wäre, die Umrisse der Umgebung auszumachen. Der gelbliche Schein der Straßenlaternen tauchte den Flur in ein diffuses Licht, und im Wohnzimmer, dessen Tür weit offen stand (*Wir haben sie vorhin zugemacht*), erkannte sie genug Schemen, um sich zu orientieren.

Ihr Blick schnellte nach links, in Richtung Küche.

Kurz überlegte sie, sich eine Waffe zu besorgen. Ein Messer, den Fleischklopfer, eine große Bratpfanne, irgendetwas, das sie in falscher Sicherheit wiegte.

»Sei nicht albern«, flüsterte sie und ihre Stimme kam ihr seltsam fremd vor.

Sie streichelte über ihren Bauch, erstaunt, dass sich das Baby so ruhig verhielt und sie es mit ihrer inneren Unruhe bisher nicht angesteckt hatte. Das wertete sie als gutes Zeichen. Ihre Nervosität war immer noch da, aber etwas tief in ihr drin schien zu ahnen, dass es keinen Grund dafür gab.

Sie stieß sich von der Haustür ab, um sich selbst den nötigen Schwung zu geben, bevor ihre Beine endgültig ihren Dienst verweigerten, dann tappte sie über den langen Teppich im Flur und blieb in der geöffneten Wohnzimmertür stehen.

Die Leuchtziffern des LED-Radios starrten sie aus dem Bücherregal an wie blau glimmende Augen, die aus einer finsteren Höhle herausstierten.

Mitternacht.

Geisterstunde. *(Sei nicht albern.)*

Sie fröstelte, hob die Hände und rieb sich über die Oberarme. Ihr Blick wanderte konzentriert durch den Raum, sie versuchte, jeden Schatten, jede mögliche Abweichung vom Normalen aufzunehmen. Ihre Nerven waren zum Zerreißen gespannt, als sie langsam über die Türschwelle trat. Sie überlegte, das Licht anzuschalten, entschied sich aber dagegen. Dies war ihr Haus, sie kannte jeden einzelnen Winkel davon und würde sich selbst in völliger Dunkelheit zurechtfinden. Das konnte ein Vorteil sein. Wenn auch nur ein kleiner.

Im Schein der hereinleuchtenden Straßenlaterne erkannte sie das schimmernde Display ihres Handys auf dem Couchtisch. Es wären nur wenige Schritte, dann würde sie es sich greifen, die Polizei rufen und … um Hilfe bitten, weil sie Geräusche gehört hatte? In einer Nacht wie dieser. Dass sie allein war, weil sie ihren Mann aufgrund eines plötzlichen Heißhungers in den Sturm geschickt hatte?

Es war lächerlich.

Mit drei Schritten war sie bei der Couch angelangt und grapschte nach dem Handy. Es rutschte über die Tischplatte und fiel auf den Teppich. Sie fluchte, beugte sich umständlich nach vorn und angelte mit ausgestrecktem Arm nach dem Gerät.

Gerade als sich ihre zitternden Finger endlich um das Handy geschlossen hatten, fiel hinter ihr die Wohnzimmertür ins Schloss, und ein Fauchen erklang.

Jetzt schrie sie doch. Es klang mehr wie ein Wimmern, aber es war laut genug, um das wütende Fauchen ein zweites Mal anzustacheln. Mit hektischem Blick suchte sie den Raum ab, versuchte, ihren Herzschlag zu beruhigen, der ohrenbetäubend in ihrem Kopf dröhnte und sie daran hinderte, die Quelle des Fauchens ausfindig zu machen.

Ihr Atem ging stoßweise und ihre Finger huschten fahrig über das Display des Handys.

Entsperren. Taschenlampe an. Eindringling blenden.

Warum nur hatte sie das Licht nicht eingeschaltet? Sie hätte sich am liebsten geohrfeigt.

Endlich schaffte sie es, die Taschenlampe zu aktivieren, und der zitternde Lichtschein tanzte durch den Raum. Er erfasste ein Paar glühender Augen, und eine Sekunde später wurde das Fauchen lauter, wütender und etwas sprang mit gebleckten Zähnen auf sie zu.

»Verdammtes Mistvieh!«

Sie war so erleichtert, dass sie sich mit einem Schluchzen auf das Sofa sinken ließ. Unwirsch wischte sie sich die Tränen aus dem Gesicht, atmete einige Male tief durch und streichelte über den Kopf von Boris, dem Nachbarskater, der im Sprung seine Meinung geändert hatte und jetzt schnurrend um ihre Beine strich.

»Du hast mir eine Heidenangst eingejagt.«

Boris zappelte kurz, als sie ihn hochhob, ließ sich aber bereitwillig zur Tür tragen.

»Hast dich wohl reingeschlichen, als Mario zur Tür raus ist, was?«

Sie öffnete die Haustür und stellte fest, dass der Sturm etwas nachgelassen hatte. Selbst der Regen peitschte ihr nicht mehr entgegen, sondern war einem sanften Prasseln gewichen.

Sie setzte Boris auf der Fußmatte ab und nickte hinüber zum Nachbarhaus. Als er Anstalten machte, wieder zurück ins Wohnzimmer zu laufen, schob sie ihn sanft mit dem Fuß nach draußen und schloss schnell die Tür.

»Geh zu deinem Herrchen«, rief sie nach draußen, »bei mir bekommst du doch nichts zu essen.«

Bei dem Gedanken an Essen, auch wenn ihr Katzenfutter sicher nicht schmecken würde, begann ihr Magen zu knurren.

Wo zum Teufel blieb Mario?

Sie wählte seine Nummer und lauschte atemlos dem Freizeichen. Dann hörte sie von oben das leise Klingeln und unterdrückte einen Fluch. Ausgerechnet heute ließ er, der sein Handy selbst mit auf die Toilette nahm, es zu Hause liegen. Ein Blick nach draußen weckte

Entschlossenheit in ihr. Sie würde ins Schlafzimmer gehen, sich etwas Regenfestes anziehen und dann den Weg zur Tankstelle absuchen.

Sie lief die Treppe nach oben und an der angelehnten Badezimmertür vorbei.

Der Schrei blieb ihr in der Kehle stecken, als sich Hände in Lederhandschuhen um ihren Hals und über ihren Mund legten und sie rückwärts in das Bad zerrten.

Das Handy fiel mit einem dumpfen Geräusch auf den Boden, das Klingeln im Schlafzimmer verstummte.

# Ursprung der Seele

Ana war schon am Vortag gemeinsam mit ihrem Kollegen hier bei der kleinen Kirche nahe Rosenau angekommen. Wegen ihrer kunstvollen Wandmalereien galt sie als Fixpunkt für die meisten Touristen, die Siebenbürgen besuchten.

Ana und Licas waren beauftragt worden, die Fresken im Eingangsbereich zu restaurieren, und deswegen extra aus Budapest angereist. Licas hatte darauf bestanden, die Baustelle noch am selben Abend fertig einzurichten, weswegen Ana kurzerhand mit einer Reisegruppe zurück in die Stadt gefahren war.

Obwohl sie vereinbart hatten, dass sie sich zum gemeinsamen Frühstück treffen würden, saß sie nun allein am Tisch. Es war zwar nicht ungewöhnlich für Licas, sich zu verspäten, trotzdem war Ana verärgert, dass er sie heute Morgen hier, an diesem fremden Ort, allein ließ.

Sie nahm ihr Telefon in die Hand. Ihr lautes und ausdauerndes Klopfen an seiner Zimmertür hatte nicht den erwünschten Erfolg gebracht, aber vielleicht weckte ihn ja ein Anruf. Ana hielt die Luft an und wartete auf das Klingeln.

*Endlich!* Es läutete. Jeden Moment würde er abheben, und sie könnte ihm die Worte an den Kopf werfen, die sie sich schon sorgfältig zurechtgelegt hatte. Es läutete wieder und wieder.

Und dann hörte sie Licas' Stimme: »Hallo, leider kann ich gerade nicht rangehen. Vielleicht klappt's ja später. Also einfach noch mal probieren.«

Nach dem Piepton legte Ana auf. *Na ganz toll!*

Sie fuhr mit dem Taxi die Strecke zur Kirche. Insgeheim hoffte sie, Licas bereits bei der Arbeit anzutreffen, auch wenn das so gar nicht seinem typischen Verhalten entsprechen würde. Vielleicht hatte er sich am Vorabend mit seinem früheren Freund getroffen, der hier in Rosenau lebte und den er unbedingt sehen wollte. Es dürfte wohl, wie bei Licas üblich, sehr spät geworden sein. Vermutlich lag er sturzbesoffen auf irgendeinem Sofa und schlief seinen Rausch aus.

Ana bezahlte den Taxifahrer, hängte sich ihre Tasche über die Schulter und richtete ihren Blick in den Himmel.

Die schweren grauen Regenwolken vermittelten den Eindruck, dass es bald nicht mehr bei den paar Tröpfchen bleiben würde, für die der Taxifahrer nicht einmal die Scheibenwischer eingeschaltet hatte.

Schwerfällig stieg Ana die Stufen zur kleinen Kirche hinauf. Von hier unten sah sie größer aus, als sie eigentlich war.

Auf halben Weg blieb sie stehen. Der verwitterte Sandstein verlieh der kleinen orthodoxen Kirche ein bedrohliches Äußeres. Ein mulmiges Gefühl machte sich in Ana breit und sie schluckte. Der Aufgang führte durch einen Wald, dessen Bäume sich im Wind langsam hin- und herwiegten, und das Rascheln ihrer Blätter übertönte das

Motorengeräusch des Taxis, das inzwischen schon fast außer Sicht war.

*Es wäre besser gewesen, wenn ich gestern nicht so viel über diesen Priester erfahren hätte,* dachte Ana verärgert und versuchte sofort, die Gedanken daran aus ihrem Kopf zu verdrängen.

Es war kaum der geeignete Zeitpunkt und schon gar nicht der richtige Ort, sich diese Geschichten wieder in Erinnerung zu rufen.

»Verdammter Licas!«, murmelte sie, bevor sie ihren Aufstieg fortsetzte.

Die schwere Holztür ließ sich nur mit größter Anstrengung aufdrücken. Den Schlüssel dafür hatte sie schon vor Wochen mit der Post erhalten. Es war ein seltsamer Auftrag, den sie hier angenommen hatten. Jegliche Kommunikation mit ihren Auftraggebern fand ausschließlich über E-Mail statt.

Kaum hatte sie das Gebäude betreten, setzte ein heftiger Platzregen ein.

Erleichtert, dass sie es trocken nach drinnen geschafft hatte, drückte Ana die Kirchentür ins Schloss und ließ ihre Tasche auf den Boden gleiten. Sie sah sich um. Licas hatte tatsächlich das Gerüst fertig aufgebaut, bevor er auf Sauftour gegangen war.

»Na wenigstens etwas«, flüsterte sie.

Die Fresken, die sie restaurieren sollten, befanden sich gleich im Eingangsbereich der Kirche. Allerdings war sie sich nicht sicher, warum man sie überhaupt engagiert hatte, denn die Bilder sahen nahezu frisch gemalt aus. Die Farben waren kaum verblichen, und Ana hatte gestern auf den ersten Blick nur an wenigen kleinen Stellen ein Abblättern des Goldes bemerkt.

*Kein Grund, die gesamte Wand zu restaurieren.*

Ana kramte ihren Kaffeebecher aus der Tasche hervor und beschloss, sich zunächst ein wenig in der Kirche umzusehen – was für eine Wohltat für ihre klammen Finger, dass der Kaffee immer noch warm war. Sie trat in den großen Gemeinderaum, der sich an den Eingangsbereich anschloss. Kirchenbänke suchte man hier vergeblich, da es von den Gläubigen erwartet wurde, während des Gottesdienstes zu stehen.

Sie dachte an die Reiseleiterin vom Vortag, die die Touristengruppe durch die kleine Kirche geführt hatte. Die Dame hatte in allen Einzelheiten geschildert, was man sich über diesen Ort erzählte. Diese Geschichten waren der eigentliche Grund für das Interesse der Leute an der abgelegenen, kleinen Kirche.

Vor nicht allzu langer Zeit hatte man hier Aufzeichnungen von einem Priester gefunden, der es sich zum Ziel gesetzt hatte, dem Ursprung der Seele auf den Grund zu gehen. Dabei stellte er sich diese offenbar als etwas relativ Irdisches vor. In der Hoffnung, sein Ziel zu erreichen, entnahm er seinen Opfern Teile ihrer Organe – und das bei vollem Bewusstsein. Diese Leute litten oft über Wochen hinweg, bis sie endlich starben.

Ana schüttelte den Kopf. Wieso dachte sie ausgerechnet jetzt an diese Gruselgeschichten?

Sie trank den letzten Tropfen Kaffee aus ihrem Becher und ging zum Gerüst zurück. Ihr war unwohl bei dem Gedanken, dass sie nun ganz allein hier sein würde, und sie verfluchte Licas ein weiteres Mal.

*Hoffentlich kommt er bald!*

Sie kletterte an dem Gerüst nach oben und schaltete die Taschenlampe ein, mit der sie die Fresken genauer betrachtete.

»Seltsam«, murmelte sie. »Die sehen aus, als wären sie erst vor Kurzem erneuert worden.«

Sie entdeckte eine kleine Stelle, an der etwas von dem Blattgold abgeplatzt war, und kratzte alle losen Teile rundherum mit ihrem Spatel ab.

Da tauchte eine Gestalt in ihrem Augenwinkel auf. Ana erschrak so heftig, dass sie die Taschenlampe fallen ließ, die mit einem lauten Scheppern auf dem Boden aufschlug und in ihre Einzelteile zersprang.

»Verdammt noch mal!«, rief sie und hatte Mühe, nicht selbst das Gleichgewicht zu verlieren.

Ana sah zu der Stelle, an der sie die Gestalt bemerkt hatte, aber es war niemand mehr zu sehen.

»Na toll! Das hab ich jetzt von diesen dummen Geschichten. Ich mache mich schon selbst verrückt.« Sie stieg vom Gerüst und schaltete den Baustrahler ein, um ihre Arbeit fortsetzen zu können.

Stunden vergingen, in denen sie sich hoch konzentriert ihrer Aufgabe widmete und alle schadhaften Stellen von loser Farbe befreite.

Immer wieder dachte sie an Licas. Er hatte die seltsame Angewohnheit, seinen schmutzigen Pinsel hinter sein linkes Ohr zu klemmen.

Ana schüttelte den Kopf und lächelte. *Ich frage mich, ob er ihn auch nachts nicht ablegt.*

Sie arbeiteten nun bereits seit über einem halben Jahr zusammen, und sie mochte ihn sehr. Vermutlich ärgerte sie seine Unzuverlässigkeit deswegen umso mehr.

Ana legte ihre Arbeitsgeräte auf die Seite und streckte die Arme in die Luft. Sie stöhnte und bemerkte, dass es spät geworden war. Der

Gemeinderaum hinter ihr lag bereits komplett im Dunkeln und der Baustrahler erhellte nur die Wand, an der sie arbeitete.

»Zeit für eine Pause!« Sie war zufrieden mit dem, was sie in den letzten Stunden geschafft hatte.

Es gab nun auf der ganzen Wand keine Stelle mehr, an der die Farbe abblätterte, und sie würde damit beginnen können, die schadhaften Gebiete für die neue Bemalung vorzubereiten. Womöglich würde sie bereits in wenigen Tagen mit dem Auftrag fertig sein – mit oder ohne Licas.

Wieder mit festem Boden unter den Füßen zog sie ihre Lunchbox aus der Tasche. Sie hatte sich ein großes Stück von dem Nussstrudel ihrer Großmutter eingepackt.

Ana beschloss, sich ein wenig die Füße zu vertreten, schaltete den Baustrahler aus und zog die Eingangstür auf. Der Regen hatte inzwischen aufgehört und die feuchte, frische Brise war nach dem muffigen Geruch in der Kirche eine Wohltat für ihre Lunge.

Sie sog die kühle Luft tief ein und schloss die Augen. *Was für eine Stille.* Sie war den Lärm und den Gestank der Großstadt gewohnt, überfüllte Straßen und abgehetzte Menschen. Es war selten, dass sie sich einsam fühlte, aber gerade in diesem kurzen Moment genoss sie es in vollen Zügen.

Nachdem sie von dem saftigen Strudel abgebissen hatte, spazierte sie langsam in Richtung des kleinen Parkplatzes hinter der Kirche.

Ihre Schritte knirschten auf dem geschotterten Weg, der sie direkt zu der Stelle führte, an der Licas gestern seinen blauen Fiat Punto abgestellt hatte.

Verwundert blieb sie stehen. Das Auto befand sich an genau derselben Stelle wie gestern.

»Er ist da! Na endlich.« Erleichterung machte sich in Ana breit. *Jetzt wird mir die Arbeit gleich mehr Spaß bereiten.*

Es dauerte eine Weile, bis sich Anas Augen wieder an die Dunkelheit im Inneren des Gebäudes gewöhnt hatten. Sie ließ die Eingangstür einen Spalt weit offen und verstaute ihre Lunchbox in ihrer Tasche. Vielleicht wollte Licas sich noch ein wenig die Beine vertreten, um einen klaren Kopf zu bekommen. Schließlich hätte er schon hier sein müssen, auch wenn er den längeren Weg vom Parkplatz entlang der Nordseite der Kirche gewählt hätte.

*Da!* Wieder stand da diese Gestalt! Ana sprang auf. »Hallo? Wer ist denn da?«

Bis sie die Taschenlampe ihres Telefons eingeschaltet hatte, war der Raum vor ihr allerdings leer. Langsam verließ sie den Bereich, der durch die offene Eingangstür erhellt wurde, und ging weiter in den Saal hinein.

»Hallo-oo?«, rief sie in die Dunkelheit.

*Das habe ich mir doch nicht eingebildet.*

Vorsichtig schlich sie weiter in den großen Raum hinein und ärgerte sich, dass sie die Kirche nicht am Morgen bei Tageslicht erkundet hatte.

Als sie die Mitte des Gemeinderaums erreichte, blieb sie stehen. Ana achtete auf jedes Geräusch, das ihren heimlichen Beobachter verraten könnte. Das Einzige, was sie hörte, war jedoch ihr Herzschlag, der bis in ihre Ohren dröhnte. Sie bemerkte, dass ihre Hände zitterten, was dazu führte, dass das Telefon ein wackelndes Licht ausstrahlte.

Ana ging weiter. Sie musste herausfinden, wer sich da einen Spaß mit ihr erlaubte. Da bemerkte sie am Boden vor einer Tür ein kleines Holzstück.

*Licas' Pinsel. Na also!* Sie streckte die Hand aus und griff nach dem bunten Borstenpinsel. Erleichtert atmete sie auf. *Er will mir wohl einen Schrecken einjagen.*

Sie beschloss nachzusehen, ob Licas sich hinter dieser Tür versteckt hatte. Es war eine schwere Holzpforte mit einem schmiedeeisernen Schloss.

Vorsichtig drückte sie die Klinke nach unten und schob sie auf. Vor Ana lag ein langer Gang, der durch die Lichtquelle in ihrer Hand nicht bis zu seinem Ende beleuchtet wurde. Sie trat ein.

Behutsam setzte sie einen Fuß vor den anderen, um so wenig Lärm wie möglich zu erzeugen.

*Na, wir werden schon sehen, wer hier wen erschrecken wird.*

Links und rechts des langen Ganges erschienen weitere Holztüren.

Wieder blieb Ana stehen, um zu lauschen. Ihr Atem ging schwer und sie spürte ihren Puls an ihrer Kehle. Ihre Ohren rauschten und es war nahezu unmöglich, sich auf Geräusche zu konzentrieren, die außerhalb ihres Körpers lagen.

Da hörte sie, wie sich jemand an einer Tür am Ende des Ganges zu schaffen machte.

Schnell schaltete sie das Licht aus und drückte ihren Rücken an eine der hölzernen Türen. Die Einbuchtung, in der diese lag, bot ihr ein ideales Versteck. Hier würde Licas sie erst bemerken, wenn er an ihr vorbeiging.

*Und dann versetze ich ihm den Schreck seines Lebens.*

Ana wagte kaum, zu atmen, trotzdem kam es ihr so vor, als würde sie schnaufen wie eine Dampflok.

Da öffnete sich die Tür mit einem lauten Knarren – dann Schritte. Aber es waren nicht Licas' Schritte! Diese hier klangen schlurfend, so als würde die Person die Füße kaum vom Boden heben. Und sie kamen näher.

*Wieso bewegt er sich ohne Licht durch diese Gänge?*

Panik kroch in Ana hoch, sie begann zu keuchen und zu wimmern.

*Diese Schritte. Das kann unmöglich Licas sein!*

Ihre Augen füllten sich mit Tränen. Sie wagte es nicht, sich zu bewegen, und presste sich mit aller Kraft die Hände auf den Mund, um jedes Geräusch zu vermeiden.

Wieder öffnete und schloss sich eine Tür, und die schlurfenden Schritte waren nicht mehr zu hören.

Hektisch suchte Ana nach ihrem Telefon, das sie vorhin siegessicher in die Tasche ihres Overalls hatte gleiten lassen. Sie schaltete den Bildschirm an und hielt ihn vor sich.

Das schwache Licht, das er ausstrahlte, enthüllte kaum mehr als den Bereich direkt vor ihr.

Ein schmaler Lichtstrahl erschien unter einer der Türen in dem Gang. Zögerlich trat sie davor und drückte ihr Ohr gegen das Holz. Nicht das geringste Geräusch drang vom Inneren des Raumes nach draußen.

*Licas muss hier sein! Sein Pinsel ... Was ist denn hier bloß los?*

Da spürte sie einen kühlen Windhauch auf ihrem Gesicht, und die Tür, vor der sie stand, schwang auf. Ana blickte direkt in einen hell erleuchteten Raum. Auf einem Tisch in der Mitte des Zimmers lag eine Gestalt. Sie erkannte die dunklen Haare, erkannte die zerknitterten Hosen und die zerschlissenen Schuhe. Ausdruckslos starrte Licas sie an. Sein Bauchraum lag offen vor ihr, sein Gesicht leer und tot.

Ana trat einen Schritt näher, ihre Hände fuhren vor ihren Mund. »Licas!«, rief sie noch, ehe sie von hinten ein schwerer Schlag traf und es wieder dunkel um sie wurde.

»Bitte, meine Herrschaften, kommen Sie weiter. Hier gleich neben dem Eingang sehen Sie die herrlichen Fresken, für die diese Kirche bekannt ist.« Die dünne Stimme der molligen Fremdenführerin durchschnitt mühelos das Murmeln der Reisegruppe. »Besonders an dieser Malerei bemerkt man deutlich das große Interesse der Menschen, einen Einblick in das tiefste Innere ihrer selbst zu erhalten. Die Seele ist eines der größten ungelösten Rätsel der Menschheit. Wie Ihnen sicherlich bekannt ist, diente dieser Ort einst Vater Gabriel als Zentrum seiner sogenannten Ursprungsforschung. Über mehrere Jahrzehnte versuchte er in seinen Studien, die menschliche Seele freizulegen und zu ergründen, wodurch sie entsteht und was mit ihr im Moment des Todes geschieht.« Sie presste ihre dünnen Lippen aufeinander und schüttelte den Kopf. »Nun, angeblich stand er kurz vor dem Durchbruch, als man ihm das Handwerk legte.« Sie deutete mit einer Hand in den Gemeinderaum. »Kommen Sie nun weiter! Und ich bitte Sie, bleiben Sie zusammen und verlassen Sie die Gruppe nicht. Man weiß nie, ob nicht noch die ein oder andere Seele hier herumirrt.«

# Auflösung der Kurzgeschichten

### »Das Atelier« von Anna-Lena Brandt

Anna-Lena Brandt, geboren 1993 in Lübbecke, absolvierte 2015 ihr Wirtschaftsabitur und beendete am 01.08.2018 ihre Ausbildung zur Industriekauffrau.

Sie wohnt seit 2018 in Paderborn, wo sie Literatur- und Medienwissenschaften studiert. Ihre Hobbys sind das Lesen, Reisen, Theaterspiel und Schreiben, von dem sie schon früh begeistert war.

Seit 2014 ist sie Mitglied in der Schreibwerkstatt Bünde, seit 2015 bei der Theatergruppe Südlengern.

### »Das Dunkle deiner Träume« von Lena Bieber

Lena Bieber, geboren 1998, lebt mit ihrem Mann in Hessen und arbeitet als Buchhalterin.

Das Lesen und Schreiben von Geschichten begleitet sie schon seit ihrer Kindheit und wenn sie nicht gerade in ein Buch vertieft ist, spielt sie leidenschaftlich gerne Klavier und Cello oder tobt sich in sonstiger Weise kreativ aus. Dabei darf allerdings niemals der Kaffee oder, noch wichtiger, die Schokolade fehlen.

## »Der Panther« von Mo Kast

Geboren 1987 in Ulm hat Mo Kast nach ihrer Ausbildung zur Comiczeichnerin in Barcelona Kommunikationsdesign in Wiesbaden und Augsburg studiert. Heute lebt sie mit Mann, Kind und Hund in der Nähe von Hamburg und arbeitet als selbstständige Designerin und Illustratorin.

Die Liebe zum Schreiben hat sie durch Kurzgeschichten entdeckt, die sie bereits in der Schule in ein kleines kariertes Heft schrieb und ihren Klassenkameraden zum Lesen gab. Auch wenn sie mittlerweile Romane schreibt, ist die Liebe für Kurzweiliges nie erloschen.

## »Die eine Nacht« von Sabrina Stocker

Seit Kindheitstagen begeistert Sabrina Stocker das Lesen und Schreiben. Durch die Mitarbeit und Veröffentlichung ihrer eigenen Geschichte in der vorliegenden Anthologie konnte sie beide Leidenschaften innerhalb eines Projektes vereinen.

Nach einer Ausbildung und diversen Jobs beendete sie vor Kurzem ihr Bachelorstudium in Philosophie und befindet sich nun inmitten des Masterstudiums »Gender, Kultur und Sozialer Wandel«. Bei ihren Geschichten ist es ihr besonders wichtig, die Leser*innen emotional abzuholen und zum Weiterdenken anzuregen.

## »Die falsche Schwester« von Maya Shepherd

Maya Shepherd wurde 1988 in Stuttgart geboren. Zusammen mit Mann, Kindern und Hund lebt sie mittlerweile im Rheinland und träumt von einem eigenen Schreibzimmer mit Wänden voller Bücher.

Seit 2014 widmet sie sich hauptberuflich dem Erfinden von fremden Welten und Charakteren.

## »Die Ratte« von Sabrina Patsch

Sabrina Patsch, geboren 1992, stammt aus einer kleinen Stadt in Südniedersachsen, die es faustdick hinter den Ohren hat, lebt aber mittlerweile in Berlin. Sie promoviert derzeit in theoretischer Physik und versucht mit ihrer Forschung zu begeistern – sei es in Wissenschaftsmagazinen, beim Science Slam oder mit ihrem Blog über die Welt der Quantenphysik. Ihr liebstes Hobby neben der Literatur ist die Musik: Sie hat E-Gitarre in einer Rockband, Irish Bouzouki am Ufer der Seine und Geige als Straßenmusikerin gespielt. Ihre größte Freude ist es, die verschiedenen Leidenschaften zu kombinieren, sei es mit wissenschaftlich angehauchten Texten oder physikalischen Vorträgen mit Musik.

## »Die Seele des Voodoo« von Jaschka Gaillard

Jaschka Gaillard, Jahrgang 1991, geboren und wohnhaft in der Schweiz, wurde schon früh von mystischen Fantasywelten in den Bann gezogen.

Die Buchbloggerin schreibt seit einigen Jahren unter dem Namen »Weltbuntmalende Bücher« Rezensionen und liebt magische Geschichten. Seit 2013 ist Jaschka Gaillard ausgebildete Fachfrau Betreuung im Bereich Kinder und Jugendliche mit einer Beeinträchtigung und arbeitet unter anderem auf dem Gebiet der Kommunikation. Ihr Motto lautet: Geschichten machen die Welt bunter.

## »Ferne Ufer« von Anika Sawatzki

Anika Sawatzki lebt mit Jamie L. Farley und einer Ente namens Dave in einer Autoren-WG. Seit 2017 veröffentlicht sie Thriller und Jugendromane im Selfpublishing. Neben dem Schreiben zählt das Tanzen zu ihren größten Passionen. So kann es schon einmal vorkommen, dass sie nach zwanzig Minuten vom Schreibtisch aufspringt, um ihr tägliches Workout im gemeinsamen Arbeitszimmer zu absolvieren.

### »Filmriss« von Lisa-Katharina Hensel

Lisa-Katharina Hensel, Jahrgang 1989, stammt aus Deutschlands Süden – wohl fühlt sie sich aber (fast) überall. Nach einem Jahr auf den Spuren der Samurai in Japan hat sie sich dem Studium der Medienwissenschaften gewidmet und dieses in Bonn abgeschlossen. Nebenbei sammelte sie praktische Erfahrungen in der Film- und Fernsehbranche, in der sie nun tätig ist.

Von Kindheit an ist sie von den Welten in Büchern und Filmen fasziniert, insbesondere von den fantastischen und unheimlichen. Seitdem schreibt sie selbst, am liebsten Kurzgeschichten, von denen einige bereits veröffentlicht wurden. Des Weiteren hat sie diverse Drehbücher verfasst.

### »Irrlichter« von Alexandra Maibach

Alexandra Maibach wurde 1994 als mittleres von drei Kindern in Mainburg geboren. Schon früh entdeckte sie ihre Liebe zu Geschichten und machte in ihrer Schulzeit erste Gehversuche als deren Verfasserin.

Sie hat ihr Medizinstudium in Ulm 2019 abgeschlossen und absolviert nun ihre Ausbildung zur Fachärztin. Sie lebt und arbeitet in Regensburg.

### »Leandra« von Jenny Barbara Altmann

Jenny Barbara Altmann wurde 1981 in Pforzheim geboren, wo sie mit ihrem Mann und ihren beiden Kindern lebt. »Leandra« ist ihre erste Veröffentlichung. Derzeit arbeitet Jenny Barbara Altmann an ihrem Roman-Debüt im Genre Fantasy.

### »Nacht der Jäger« von Julia Bohndorf

Julia Bohndorf, Jahrgang 1984, lebt mit ihrem Mann und Hund Ronja in Minden/Westfalen. Die Zahnmedizinische Prophylaxeassistentin schreibt seit beinahe 10 Jahren, vorwiegend Romane und Novellen.

### »Proband X« von Jess A. Loup

Jess A. Loup versteht Deutsch, obwohl sie in Bayern lebt. Wenn sie nicht im Kopf mit imaginären Leuten spricht oder über sie schreibt, ist sie auf dem Bogenparcours zu finden, lässt sich von ihren Katzen terrorisieren oder fotografiert wilde Tiere in Afrika. Solange der Brief aus Hogwarts verschollen bleibt, erschafft sie ihre eigenen magischen Welten.

## »Rache aus dem See« von Cara Yarash

Cara Yarash wurde 1996 in Baden-Württemberg geboren. Nach dem Abitur führte sie das Leben in einen kleinen Stuttgarter Zeitungsverlag. Inzwischen arbeitet die gelernte Medienkauffrau in Digital und Print als selbstständige Lektorin und Korrektorin bei den Wortverzierern.

## »Schwarze Erde« von Elias Finley

Elias Finley (geboren 1994 in NRW) hat eine Ausbildung zum Kaufmann für Marketingkommunikation absolviert. Nachdem er als Communication Consultant für eine Medienagentur gearbeitet hat, verlangte seine Leidenschaft fürs Schreiben einen ruhigeren Job.

Heute grübelt er vormittags über Zahlen und nachmittags über Geschichten.

### »Sturmnacht« von Gina Grimpo

Gina Grimpo, geboren 1988 in Bremen, ist gelernte Außenhandelskauffrau.

Sie hatte schon immer eine Vorliebe für alles Fantastische und Übernatürliche. Dies zeigt sich auch, aber nicht nur, in ihren Kurzgeschichten.

Im November 2020 veröffentlichte sie im Selfpublishing ihren ersten Fantasy-Roman.

### »Ursprung der Seele« von Tanja Amerstorfer

Tanja Amerstorfer wurde 1981 in Graz geboren. Nach der Ausbildung zur Kindergärtnerin studierte sie Physik und promovierte 2014. Neben der Weltraumforschung begeistert sie sich für das Schreiben von Kurzgeschichten und Romanen. Sie lebt mit ihrer Frau und ihren drei Kindern in der Steiermark.

# Dank

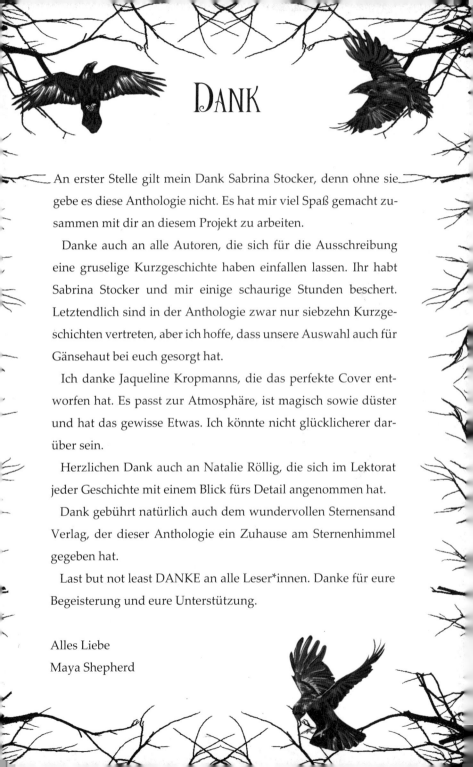

An erster Stelle gilt mein Dank Sabrina Stocker, denn ohne sie gebe es diese Anthologie nicht. Es hat mir viel Spaß gemacht zusammen mit dir an diesem Projekt zu arbeiten.

Danke auch an alle Autoren, die sich für die Ausschreibung eine gruselige Kurzgeschichte haben einfallen lassen. Ihr habt Sabrina Stocker und mir einige schaurige Stunden beschert. Letztendlich sind in der Anthologie zwar nur siebzehn Kurzgeschichten vertreten, aber ich hoffe, dass unsere Auswahl auch für Gänsehaut bei euch gesorgt hat.

Ich danke Jaqueline Kropmanns, die das perfekte Cover entworfen hat. Es passt zur Atmosphäre, ist magisch sowie düster und hat das gewisse Etwas. Ich könnte nicht glücklicher darüber sein.

Herzlichen Dank auch an Natalie Röllig, die sich im Lektorat jeder Geschichte mit einem Blick fürs Detail angenommen hat.

Dank gebührt natürlich auch dem wundervollen Sternensand Verlag, der dieser Anthologie ein Zuhause am Sternenhimmel gegeben hat.

Last but not least DANKE an alle Leser*innen. Danke für eure Begeisterung und eure Unterstützung.

Alles Liebe
Maya Shepherd

**Auf den Geschmack von Kurzgeschichten gekommen? Dann gefällt dir womöglich auch:**

**Winterstern**

*Als Taschenbuch & E-Book, Einzelband*
*Anthologie*

Was ist ein Winterstern?
Ein magisches Artefakt? Ein verwunschener Ort? Eine verzauberte Person? Oder etwas, das gar nicht greifbar ist?
Lasst euch in fremde Welten entführen, lernt fantastische Legenden kennen, kämpft für die Gerechtigkeit, Liebe oder Freiheit, erlangt Ruhm und Ehre, erfahrt, was wirklich zählt im Leben.
Dies ist eine Fantasy-Anthologie, die euch zum Lachen, Lieben, Gruseln, Träumen, Hoffen und Bangen einlädt.

**Weihnachtsstern & Winterglitzern**

*Als Taschenbuch & E-Book, Einzelband
Anthologie*

Die stille Zeit des Jahres regt nicht nur zum Nachdenken an – in unseren Sternensand-Welten geschehen auch so manch magische, fantastische, grausame, unerwartete und romantische Ereignisse. Tauche ein in unsere winterlichen und weihnachtlichen Kurzgeschichten, die mit epischen Schlachten, mystischen Wesen, ergreifenden Liebesgeschichten, tragischen Charakteren oder unerwarteten Schicksalen punkten. Allesamt verknüpft mit Büchern aus dem Sternensand Verlag, jedoch unabhängig lesbar und damit perfekt geeignet, um unsere Autoren kennenzulernen.

# Mehr Fantasy aus unserem Sortiment

Maya Shepherd
**Die Märchenhaft-Trilogie**
*Märchenadaption*
Als Taschenbuch, im Schuber und E-Book

Regina Meissner
**Das versunkene Reich Nysolis (2 Bände)**
*Atlantis-Märchenadaption*
Als Taschenbuch und E-Book

Miriam Rademacher
**Ada-Trilogie**
*Dark Fantasy*
Als Taschenbuch und E-Book

C. M. Spoerri
**Damaris (4 Bände)**
*High-Fantasy*
*Als Taschenbuch und E-Book*

Smilla Johansson
**Die Wikinger von Vinland-Trilogie**
*Historische Fantasy*
*Als Taschenbuch und E-Book*

C. M. Spoerri
**Alia (5 Bände)**
*High-Fantasy*
*Als Taschenbuch, im Schuber und E-Book*

Besucht uns im Netz:

www.sternensand-verlag.ch

www.facebook.com/sternensandverlag

www.instagram.com/sternensandverlag